わが子をいじめから守る10カ条

NPO法人
ジェントルハートプロジェクト理事
武田さち子

WAVE出版

はじめに

私がいじめ問題に関わるようになったのは、子どもをいじめ自殺で亡くしたお父さんの話を聞いたことがきっかけです。そのとき、はじめて、いじめは子どもの命に関わる極めて重大な問題であると認識しました。

当時、私の娘は小学生でしたが、思春期を迎えたとき、親にいじめを打ち明けてくれるか、親は子どものＳＯＳのシグナルに気づくことができるか、不安になりました。わが子をいじめの被害者にも加害者にもしたくない。そのためには、いじめについてもっともっと知らなければ、子どもを守れないと思い、新聞の切り抜きを集め、本を読んだり、勉強会に参加したり、市民活動でいじめの相談電話を受けたり、裁判の傍聴にも行くようになりました。

そんななかで、小森美登里さんが書かれた『優しい心が一番大切だよ』（小社刊）という本に出会いました。私の暮らす横浜で起きたいじめ自殺事件ということで以前から関心をもっていましたから、「あの事件の被害者だ」とすぐにわかりました。

いじめ裁判を傍聴したあと、弁護士さんたちとお茶を飲んだ席で、この本のことが話題になりました。私がバッグのなかに持っていた本を見せると、なんと弁護士さんが「実は、この事件の裁判は私が担当しています」と教えてくれました。連絡先を教えていただいて、すぐに小森夫妻に会いに行きました。

翌年の2003年3月には、小森夫妻と一緒に、いじめをなくすために活動する団体、『NPO法人ジェントルハートプロジェクト』を川崎で立ち上げました。

「ジェントルハート」とは、「優しい心」の意味です。1998年7月25日、いじめを苦に自殺した小森香澄さん（高1・15歳）が亡くなる4日前にお母さんに残した言葉、「優しい心が一番大切だよ。それをもっていないあの子たちのほうがかわいそうなんだ」に由来しています。

自殺した子どもたちは弱かったのではなく、優しかったから、受けた暴力を人に返したりせず、自分のところで止めたのだと思います。その子どもたちが残してくれた、相手を思いやることのできる「優しい心」があれば、いじめはきっとなくせると思いました。

私たちは、いじめを「生きる力を奪う心と体への暴力」と捉えています。したがって、いじめ自殺だけではなく、リンチで殺された子どもや、教師から深く心を傷つけられて亡くなった子どもの親も参加しています。そして、私のように、遺族ではないけれど、いじめをなくしたいと思っている人間も参加して、一緒に活動をしています。ジェントルハートプロジェクトでは、亡くなった子どもたちの写真や、彼らが遺した言葉をパネルにして展示したり、児童生徒や教職員、保護者、地域の人たちに向けての講演活動や学習会などを主に行っています。

２００４年2月に、『あなたは子どもの心と命を守れますか！』（小社刊）という本を出版しました。たくさんのいじめ事件から、子どもたちの抱える苦しさをもっと大人たちに理解してほしい、もう二度といじめで死に追いつめられる子どもを出したくないと強く願ってきました。

しかし、２００６年10月から、再びいじめ自殺がクローズアップされるようになり、加熱する報道のなか、次々と犠牲者が出ました。それでも、いじめ問題に対する大人たちの考え方や対応は、旧態依然のままです。「命を大切にしよう」と声高に叫び、「いじめに負けない強い子どもに育てよう」と言います。そして、「人権を尊重しすぎるから子どもたちがわがままになった」と、ますます厳罰化になりつつあります。

生きづらさを感じている子どもたちが、いじめでストレスを発散しています。弱さを認めず被害者を責める社会が、子どもたちのSOSを封じて、死に追いつめているのではないでしょうか。せめて、親は子どもの味方でいてほしいと思います。

しかし、ときには親の無理解や、わが子のためによかれと思ってとった行動が、子どもを死に追いつめることもあります。本書では、いじめ対応の落とし穴を回避して、徹底的にわが子を守るために、どうしてもこれだけは伝えたいと思うことを10カ条にまとめました。お母さんだけでなく、お父さんにもぜひ読んでほしいと思います。

いじめは子どもの一生に関わる重大問題です。こじれてしまったいじめ問題を解決するには、親も子も膨大なエネルギーが必要になります。同じエネルギーを費やすなら、生きている子どものためにこそ、惜しみなく使っていただきたいのです。

「もう二度と誰にもつらく悲しい思いをさせないでね」「この世の中からいじめがなくなりますように」、亡くなった子どもたちの願いが、子を亡くした親たちの思いが、あなたにも届きますように、祈りを込めて。

目次

第3部 事件を教訓に……151

第1部

どの子にも起こり得るいじめ自殺

命の危機にさらされている子どもたち

　２００６年には、いじめ自殺の報道が相次ぎ、いじめ問題が再びクローズアップされました。「いじめ」はここへきて急に増えたのでしょうか。子どもの自殺は増えたのでしょうか。

　私はむしろ、いじめがあまりに当たり前になりすぎて報道さえされなくなってしまったなかで、衝撃的な遺書の内容や背景などがマスコミに取り上げられ、可視化されただけだと思っています。

　いくつか注目される事件があると、今まで見過ごされてきた事件が取り上げられるようになります。報道量が増えたことで、私たちはいじめ自殺そのものが増えたように錯覚してしまいます。

「マスコミが騒ぎすぎるから、子どもたちが死ぬ」との批判もあります。残念ながら、自殺の連鎖はあると思います。しかし、私は報道だけが子どもの自殺増加の原因だとは思いません。むしろ、これだけ子どもたちの自殺が相次ぎながら、大人たちがいじめ問題を直視しようとしない、決定的な打開策を提示できないことに、一番の原因があると思います。

　いじめが原因とは限りませんが、19歳以下の子どもの自殺は、警察庁の調べで年間約

児童生徒のいじめ自殺者数

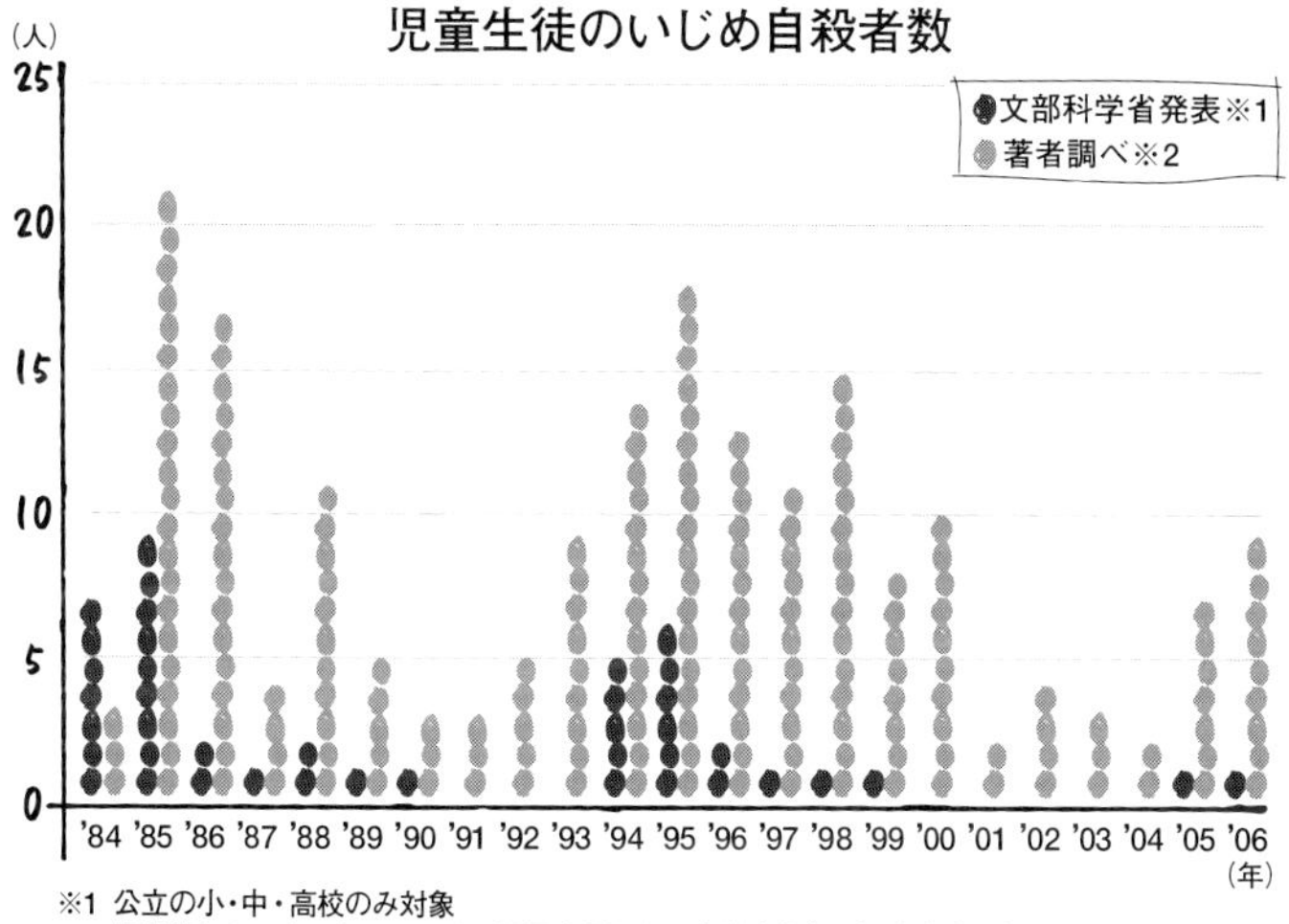

※1 公立の小・中・高校のみ対象
※2 新聞等からひろった、いじめが原因と思われる自殺者数(公立・私立含む)

600人います。毎日、1人から2人の子どもが自殺をしているという事実を、多くの大人たちは認識していません。自分の生徒が、自分の子どもが、死ぬ可能性について自覚できていません。

原因のひとつとして、文部科学省が毎年発表している「児童生徒の問題行動等指導上の諸問題に関する調査」の数字が影響していると思います（巻末の資料参照）。

文部科学省発表の「児童生徒の自殺」数は、年間約150件前後です。公立の小・中・高校が対象で、国立や私立の児童生徒は入っていません。この数字は、警察庁の職業別自殺者数の小・中・高校に分類されている数の約半分から半分以下です。なかには、警察が「自殺」と断定していても、教育委員会が転落による「事故死」として処理し、「自殺」にさえ入れられていない事件もあります。

文部科学省発表の平成17年度「自殺の原因別状況」では、自殺の原因は、「学校問題」より、「家庭事情」や「精神障がい」が多くなっています。同じ年の警察庁の「職業別自殺者数」をみると、予備校生や大学生、各種学校生が入っていたり、「学校問題」の詳細がわからないなど単純な比較はできないものの、「家庭問題」と「学校問題」の割合は逆転しています（巻末の資料参照）。何年にもわたって同じ状況が続いています。さらに、「いじめを主たる原因とする」自殺はわずかです。２００６年暮れに見直されるまでは、１９９９年から２００５年までの７年間のいじめ自殺はゼロでした。

このような数字を毎年、報道を通して見せられている私たちは、日本人の自殺者は毎年３万人を超えているが、子どもの自殺はあまり多くない。子どもが自殺をする原因の多くは家庭にあり、「たかが、いじめで死ぬはずがない」「いじめで死ぬような子どもは弱かったのだ」「いじめ以外にも家庭などに問題があったに違いない」と思い込まされてしまったのです。

文部科学省は、１９９９年から２００６年10月までにいじめと自殺との関係が指摘された計41件について、再調査をしました。結果、３件を「いじめを主な原因」とし、６件を「他の原因も考えられるため、自殺の一因にとどまる」、５件を「自殺があった時点ではすでに解決するなどしていたため、原因とまでは言えない」と分類。計14件にいじめが関連していたと認めました。

私はこの再調査の結果に納得していません。なぜ、連続ゼロが問題視された期間だけが対象なのでしょう。そして、41件という数は、私が調べた「いじめが原因と疑われる」と報道された子どもの自殺事件数とほぼ一致します（P13グラフ参照）。しかし、毎年のように私のところには、「一切、報道されませんでしたが、いじめが原因で子どもが自殺しました」という情報が、遺族やその周囲の方たちから何件も寄せられます。いじめから何年もたってから深い心の傷を癒すことができずに自殺してしまった例もかなりの数、聞いています。文部科学省発表のいじめ自殺数は実態を反映していないと感じています。

繰り返されるいじめ事件

それまでも、いじめ自殺は度々、話題にされてきました。

１９７９年９月９日、埼玉県上福岡市で、林賢一くん（中１・12歳）が、空手着姿でマンションから投身自殺をしました。賢一くんは、何をされても反応がないという意味で、「壁」と呼ばれていました。賢一くんは３カ月前に遺書を残して自殺未遂し、このことをネタに同級生らにさらにからかわれ、いじめられていました。

私は、この事件が現在あるようないじめの最初ではないかと思っています。ただ、賢一くんが在日朝鮮人三世であったことから、多くの人たちが自分たちには関係ないと見過ごしてしまったように思います。

この年の子どもの自殺は919人、文部省発表の公立学校の児童生徒の自殺は380人でした。原因はいじめとは限らないにしても、子どもたちは何らかのSOSを発していたと思われます。しかし、このときには、具体的ないじめ防止策がとられることはほとんどありませんでした。

1986年2月1日に、東京都中野区の鹿川裕史《ひろふみ》くん（中2・13歳）が、父親の実家に近い岩手県のJR盛岡駅構内で、買い物袋に「僕だって、まだ死にたくない。だけど、このままじゃ『生きジゴク』になっちゃうよ」と衝撃的な言葉を残して自殺しました。

裕史くんの自殺の前後にも、いじめが原因と思われる子どもたちの自殺がたくさんありました。しかし、多くは文部省（当時）の統計で、「いじめが主な原因の自殺」には分類されていません。

裕史くんの事件は当初、中野区が「自殺の原因はいじめ」と認定し、全国ではじめて校長や教師を処分しました。しかし、行政としての正式謝罪や補償、いじめ防止の具体的な指針を示すことはせず、裁判に入ると中野区も東京都と協力して「いじめはなかった」と言いはじめました。

1991年3月27日、一審の東京地裁は、いじめと自殺の因果関係、予見可能性を認めず、いじめの存在そのものについても否定しました。

1994年5月20日、事件から8年3カ月後の東京高裁でようやく、いじめの存在が認められ、原告（鹿川くんの遺族）が勝訴しましたが、自殺の予見可能性については一審同様に認められず、自殺損害についての賠償は認められませんでした。

「いじめ」を認めたくない学校現場

子どもの自殺があると学校は必ずのように「いじめはなかった」と言います。そして、いくつかの事実が出てくると、「いじめはあったが、自殺との因果関係はわからない」とします。そして「いじめ」ではなく「子ども同士のいざこざ」「感情の行き違い」「からかい」「悪ふざけ」などの言葉を使います。亡くなった子どもが生前、周囲にいじめを訴えていたり、遺書に「いじめられた」と書いていても、多くは「いじめ自殺」にカウントせず、「友人との不和」や「その他」に分類されます。

文部科学省は「個々の行為がいじめに当たるか否かの判断は、表面的・形式的に行うことなく、いじめられた児童生徒の立場に立って行うことに留意する必要がある」と言っていますが、現実には、いじめられた側ではなく、いじめた側の立場に立って罪悪感を軽くし、被害を不当に低く見積もってきました。このような考え方こそが、多くのいじめを見過ごし、児童生徒のいじめを正当化させ、被害者を追い込んできたのだと思います。

学校や教育委員会、自治体が、いじめと自殺との因果関係を認めたがらない背景には、訴訟になったときの損害賠償額が、自殺との因果関係を認められると数千万円から数億円単位になってしまうからだと思われます。もちろん、賠償金は税金でまかなわれ、校長や担任教師など個人が支払うことはありませんが、大金が支払われるときには、関係者はそれなりの責任をとらされます。いじめが問題になって約30年、未だ解決されないのは、大人たちが保身に走って、真実から目をそむけ続けているからに他なりません。

メモのような短い遺書、長文の遺書、どれも人生最後の思いが強く込められています。もっと素直にそこに書いてある気持ちを汲み取るべきではないでしょうか。私は少なくとも、遺書に「いじめが原因」と書いてあったり、それを推察される内容が書いてあれば、「いじめが原因の自殺」と認めるべきだと思っています。また、遺書がなくても親や周囲の人にいじめを打ち明けていたり、目撃者がいるなら、他によほど大きな原因が思い当たらない限り、「いじめが原因の自殺」と認めるべきだと思います。

心の傷を理解しようとしない大人たち

いじめと自殺との因果関係を否定するときによく使われるのが、「自殺は様々な要素が複雑に絡み合っており、原因をひとつには特定できない」という専門家の言葉です。また、なかには「いじめ」ではなく、「精神疾患」や「うつ病」が自殺の主因とする精神科医もいます。目の前の患者がどんなに「いじめ」の存在を訴えても、それを幻聴や妄想、心の問題と判断するのでしょうか。あまりに現実を知らないと思います。

いじめられた子どもたちも、①当時の夢を見たり、その場面が頭から離れなかったりする、②当時の体験と関連する事象・思考からの回避や感情の麻痺が起きる、③興奮、不眠などの過覚醒が起きる、などの症状が1カ月以上続くか、1カ月以上たって発症して、社会生活に苦痛を感じたり、生活上の障害があったりする（米精神医学会やＷＨＯの基準）などのＰＴＳＤ（心的外傷後ストレス障害）の症状を呈することがあります。

戦争体験者や災害や犯罪の犠牲者、目撃者、家族、レイプや児童虐待の被害者などもＰＴＳＤになると知られていますが、その被害者が自殺したとして、「被害体験があったことは認めるが、自殺は様々な要素が複雑に絡み合っており、戦争や犯罪被害の体験が自殺の主な要因になったとは断定できない」などと言うでしょうか。

Ｊ・Ｔ・マルツバーガー氏の臨床的研究では、うつ病よりも絶望感のほうが、自殺や重篤な自殺企図に関連していると指摘しています。Ｅ・Ｓ・シュナイドマン氏も、自殺者が自殺に至るにはいろいろな要素が重なり合っているが、そのなかで自殺に踏み切らせる重要な感情として「望みも救いもないという思い」があり、これは自分には自殺以外に何も方法がないという深い絶望感と無力感を表していると指摘しています。そして、これらの感情と深く関わりあっているのが孤独感であり、また激しい怒りも自殺の危険性の高さと関係があるとしています。

いじめは子どもたちにとって、生死に関わる恐怖の体験です。同級生も、教師も、誰も助けてくれないなかで、脱出方法が見つからず、深い絶望感と無力感を味わいます。原因は自殺者の心の内にあるのではなく、外にあるのです。

いじめは、人の生きる力を奪う心と体への暴力です。子ども同士のいじめに加えて、大人たちの無理解が、子どもを死に追いつめるのです。よく、「傍観するものも加害者だ」と言いますが、いじめの存在を知りつつ傍観し続けてきた大人こそが、最大の加害者ではないでしょうか。

第2部

わが子をいじめから守る10カ条

1条

子どもに「がんばれ」と言わない

1＊なぜ「がんばれ」と言ってはいけないのか

最近では心理学を学ぶ人も多くなって、被害者や相談者に「がんばれ」と言ってはいけないということがだいぶ浸透してきたようです。それでも、つい、相手のためによかれと思って言ってしまうのが、この「がんばれ」の一言です。なぜ、「がんばれ」と言ってはいけないのでしょうか。

いじめられている子どもたちの多くは、がまんしています。とてもがんばっています。大人に頼らず、なんとか自分で解決しようと必死です。その限界までがんばっている子どもに「がんばれ」「強くなれ」というのは、現在のがんばっている状態を否定し、「がんばりが足りない」「もっとがんばれ」と言っているのと同じことなのです。

また、いじめから「うつ状態」や「うつ病」になることがよくあります。まじめでがんばりすぎる人ほど、うつになりやすいと言われています。うつ状態になると、がんばろうと思ってもがんばれなくなります。考える力が低下し、悪いほうへ悪いほうへと考えてしまいがちです。自信をなくし、自分を否定的に捉えてしまいます。そんなときの「がんばれ」「強くなれ」の一言は、「がんばれない自分がいけないいんだ」「弱い自分が情けない」とますます自信をなくさせ、「生きていても迷惑をかけるだけ」「自分なんかいないほうがいい」などと、死に追いつめてしまうことがあります。

いじめは、子どもたちの日常のなかで行われます。一つひとつの行為は大したことがなくても、いつ、どこで、誰から仕掛けられるかわからないいじめに、子どもは常に緊張を強いられます。朝、下駄箱を開ける瞬間から、イスに座るとき、教科書やノート、筆記具を出すとき、授業中に発言をするとき、教室を移動するとき、体育の授業で着替えるとき、休み時間にトイレに行くとき、給食や弁当を食べるとき、掃除をするとき。自分の身体だけでなく持ち物にまで、神経をはりめぐらせていなければなりません。

いじめられている子どもたちが保健室にひんぱんに顔を出すのは、ストレスから体調が悪くなるということもあるでしょうが、保健室には養護の先生がいます。自分を責めず、体調を心配し、他の生徒から守ってくれます。そこにいる間だけは、誰からも攻撃される心配はありません。学校のなかで唯一、安心していられる場所だからではないでしょうか。

いじめられている子どもは家に帰っても、いじめのことが頭から離れることはありません。いろいろ考えているうちに夜眠れなくなってしまうこともあるでしょう。眠りが浅く、すぐ目覚めてしまうこともあるでしょう。心も体もくたくたに疲れ果ててしまいます。

多くの子どもたちは遺書に「がまんした」「がんばった」けれど、「もう、耐えられない」と書いています。そして、自殺する「弱い」自分を恥じ、「ごめんなさい」と家族に何度も何度もあやまっています。これ以上、子どもたちに「がんばれ」と言わないでください。

2＊子どもはどんな言葉を欲しているか

子どもを追いつめる親子の会話

特に父親に多いのですが、「おれも子どもの頃いじめられたが、一発ガツンとやり返してからはいじめられなくなった」と自分の成功談を話すことがよくあります。子どもにも「いじめっ子に負けるな」「やり返せ」「強くなれ」と要求することがあります。

父親の成功談は男の子にコンプレックスを抱かせます。「父親のように強くなりたいのになれない自分」を責めたり、弱い自分を知られてがっかりさせたくなくて、いじめを親に打ち明けることができません。

特に男子は、親や周囲から「男のくせに弱音を吐くな」「強くなければいけない」などと言われて育ちます。そのため、誰かに相談したり、助けを求めにくく、ひとりで抱え込むことが多くなります。大人でも子どもでも、男性のほうが自殺者が多い背景には、このジェンダーの問題も大きく関わっているのではないでしょうか。

では、子どもにどのような言葉かけをすればよいのでしょう。

ときには、親の失敗談やつらかったこと、うまくいかなかったことを、子どもに話してあげてください。子どもは「強いようにみえるお父さんにも弱い部分はあるんだ」「大人でも自分の思い通りにいくことばかりじゃないんだ」「お母さんも悩んだんだ」と知ってほっとします。自分の弱さを見せることができるようになります。つらいときは「つらい」と言ってもいいんだ、ひとりで解決できないことは誰かに相談してもいいんだと思えるようになります。

ただし、現在、親がどれだけ大変であるかを話すことは、逆効果になることがあります。子どもは「こんなに大変な状況の親に、これ以上、心配をかけられない」「負担をかけられない」と相談をしにくくなってしまいます。

いじめを打ち明けた子どもには、「勇気を出してよく打ち明けてくれたね」「ひとりで今までよくがんばったね」「つらかったね」と言ってあげてください。同じ言葉でも、子どもの性格や、そのときの状況や気分によって、うれしく感じたり、つらく感じたり、反発を感じたりします。しかし基本的には、自分が同じ立場になったときに、どんな言葉がほしいか、ほしくないか、想像力を働かせることが大事です。

子どもがいざというときに「助けて」と言えるように、自分の弱さをさらけだせるように、家庭は日頃から子どものありのままを受け止められる場所でありたいと思います。

言ってはいけない言葉

・「あなたにも悪いところがあるんじゃないの」「やめてって言ったの？」と責める言葉
・「強くなれ」「やられたらやり返せ」とできないことを要求する言葉
・「気のせいじゃない」「思い過ごしじゃないの」「そんなことぐらい」と取り合わない言葉
・「まさか」「本当なの？」「信じられない」と疑う言葉

⇦

言われた子どもの気持ち

＊誰も自分の気持ちをわかってくれない。
＊相談しても無駄。
＊弱い自分がいけないの？
＊いじめられる私に責任があるの？

言ってほしい言葉

・「つらかったね」と寄り添う言葉
・「気づいてあげられなくてごめんね」と謝罪の言葉
・「勇気をだしてよく話してくれたね。ありがとう」と感謝の言葉
・「がんばっているね」と認める言葉
・「もう、そんなにがんばらなくていいんだよ」と努力を認め、ねぎらう言葉
・「一緒にがんばろう」とつながる言葉

⇩

言われた子どもの気持ち

＊私の気持ちをわかってくれる。
＊ありのままの自分でいいんだ。
＊私の力になってくれる。

2条

いじめられている子どもの身になって考える

1＊いじめを正当化しない

いじめる側の論理に同調する人々

教師や教育評論家でさえ、本音の話になると「いじめられる側にも問題がある」「いじめられてもしかたがない子はいる」「弱いからいけない」「弱い子どもに育てた親のせい」などと言います。

それを聞いた子どもたちはどう思うでしょう。大人がそう言うんだから、ましてテレビに出ている人たちが言うのだから、やっぱり「いじめる人間より、いじめられる人間のほうが悪いんだ」「いじめは、いじめられている人間が努力すべきことなんだ」と自分たちに都合よく拡大解釈してしまいます。大人が、子どもたちのいじめを正当化する手伝いをして、いじめる側を喜ばせ、いじめる人間を増やしているのです。そして、いじめられている子どもたちも、「やっぱり自分に原因があるの?」と自信をなくしたり、「大人に言ってもわかってもらえない」「相談しても無駄」と、ますます孤立してしまいます。

親でさえつい、わが子に向かって「あなたにも悪いところがあるんじゃないの」「なぜ、いじめられるか考えてみた？」などと言ってしまいがちです。

小学校1年生からいじめにあい、中学校を不登校で過ごした藤野知美さんは、16歳のときに書いた『生きてていいの？』（寺脇研・藤野知美共著／近代文芸社）のなかで、「いじめとは、生きていることを責められること、存在を許さず、そしてそれを責めること」と書いています。被害者は、子どもたちからいじめられ、そのうえ大人たちからも責められたのでは、たまりません。

かつて自分自身が経験したことを語るとき、大人でも、子どもでも、「私のはいじめとは違うんですが……」「いじめっていうほどではないんですが……」と前置きをすることがあります。聞いてみると、明らかにいじめと思える内容だったりします。

亡くなった子どもたちの遺書にも、「いじめ」という言葉が出てこなかったり、「いじめみたいなもの」「冷たくされているような気がしました」とぼかした言い方で書かれていることがあります。そして、それを理由に「いじめではない」と否定されてしまうことがあります。

しかし、多くの大人たち、子どもたちが、いじめられる側にも問題があるという考えを根強くもつなかで、被害者が自分のされたことを「いじめ」だと認めたくないのは、自己防衛本能ではないでしょうか。認めた瞬間から、自分がとてもかわいそうで、みじめに思えてしまい、自尊心が深く傷つきます。もし、圧倒的多数の人たちが「いじめる側が悪い」「いじめられる側に非はない」という認識をもっていたら、もっと堂々と「これはいじめです」「私はいじめられました」と言えるのではないでしょうか。被害者は二重に苦しめられているのです。

特に、言葉や態度のいじめは証拠があげにくく、周囲からも「気のせい」「気のもちよう」と言われます。誰も、「あなたがされていることは、いじめだよ」「理不尽なことなんだよ」とはっきり言ってくれないなかで、被害者たちが、「これはいじめだ」と断定しにくいのは当然ではないでしょうか。大人でさえ、いじめの定義があいまいなのですから、子ども自身が自分がされていることが何なのか、わからなくて当然だと思います。

しかし、被害者にとっては「いじめ」の定義などどうでもよいのかもしれません。他人にされたことで、自分にははっきりとわかる「鋭い心の痛み」があるのです。それだけは変えられない事実なのです。

本来、「いじめ」という名前がつこうがつくまいが、どんな理由があろうとなかろうと、相手の肉体や心を深く傷つけることはしてはいけないことです。いじめは暴力です。暴力はどんな理由があっても、正当化されてはいけません。

〈アッシュの同調実験〉

アメリカの心理学者ソロモン・アッシュ氏は、ふつうならほとんど解答を誤らない課題で、わざと誤った解答をするサクラと一緒に解答をするとき、どのような同調が起きるかの実験を行いました。その結果、7人から9人のグループのなかで、サクラがひとりのときは、ほとんど誤解答は起こりませんでしたが、サクラがふたりになると誤解答がぐんと増え、3人になると同調による誤解答が31・8パーセントにも達しました。

また、終始正しい解答をするサクラをひとり加えたところ、まったく同意者がいないときに比べて、ひとりでも味方がいると、誤解答率が4分の1くらいに減りました。その同意者が退席すると同調は若干高くなるものの、同調への抵抗は完全には失われませんでした。一方で、その同意者が意見を変えて大勢側についたときには、同調は顕著になりました。

子どもたちは、このような実験結果を知らないでしょう。しかし、この同調の心理を驚くほどつかんでいます。小グループ内のいじめであれ、クラス全体に広がるいじめであれ、リーダー格はひとりだとしても、中心になっているのは、2、3人ということが多くあります。この2、3人に引きずられて、大多数がいじめを正当化します。そして最終的には、被害者の最も身近にいる人間、もしくはかばう人間をいじめる側に引きこんで、いじめは完結するのです。

アッシュ氏の実験は、個性を尊重するアメリカで行われました。個人の意見より「和」を強調されることの多い日本では、さらに同調が起こりやすいのではないでしょうか。

そして本来、正しい意見を言うべき、教師や評論家、大人たちが、いじめる側についたとき、子どもたちだけで同調に抵抗することは、より困難です。大人たちが信念をもって子どもたちに「いじめはいけない」と伝えなければ、いじめは絶対になくなりません。

いじめられる側に理由はない

誰にでも欠点はあります。まして子どもは成長過程にあり、足りないところがいっぱいあって当たり前です。欠点があればいじめられてもしかたがないのでしょうか。その欠点を直せばいじめはなくなるのでしょうか。

答えは「ＮＯ！」です。

いじめは、いじめる側の都合で行われるものです。ひとつの欠点をなくしても、別の欠点を探し出していじめる理由にします。ときには、本人だけではなく、家族を理由にすることもあります。親やきょうだいを責められるのは、子どもにとって、自分が責められる以上につらいことです。そして、欠点がないことさえいじめの理由になります。「いい子ぶっている」「生意気」など、妬みはいじめの大きな原動力です。

今は、誰もがいじめの加害者にも、被害者にもなり得ます。弱いもの、強いものという固定観念は必ずしも当てはまりません。勉強のできる優等生がいじめのリーダーだったり、学級委員や生徒会長を務めるようなリーダーシップのある生徒が、いじめられて孤立させられることもあります。格闘技やスポーツ競技で活躍する生徒が、言葉や態度でのいじめに耐えきれず、死に追いつめられることもあります。弱いものがいじめられるのではなく、いじめられると人は弱くなるのです。先入観は、いじめの実態を見えにくくします。

そして、もし本当にいじめられる側に原因があるとしたら、その子どもがいなくなった途端、いじめはなくなるはずです。しかし現実には、いじめられた子が不登校になったり転校すれば、別の子をターゲットにします。いじめっ子たちは、時間差で、あるいは同時並行して、別の子をいじめていることがほとんどです。

私たちジェントルハートプロジェクトは、「いじめは、いじめている側がやめれば、その瞬間からなくなる」ということを子どもたちに伝えています。いじめられている側がどんなに努力しても、いじめをなくすことは困難です。しかし、いじめている側がいじめをやめようと努力すれば、なくすことができるのです。

2＊いじめる理由を聞かない

いじめる側は自分のしていることを正当化しようとします。そうでなければ、周囲がついてこないからです。いじめる側も自分が孤立しないように、細心の注意を払っています。とくに心理的ないじめをする子どもたちのなかには、人間関係の駆け引きが上手で、周囲をうまくコントロールしながら、いじめを計画的に進める子どもがいます。

子どもだけでなく、大人までがいじめる側の言い分に同調してしまうと、罪悪感さえもたずに、「相手のためを思って」「悪いところをなおしてあげる」と言って平気でいじめるようになります。自分のしていることに罪悪感をもてば、いじめは楽しくありません。ストレスの解消にもなりませんし、周囲ものってこないので、正当化しようとします。

ジェントルハートプロジェクトでは、学校の先生方に、「なぜいじめるのかと、子どもに理由を聞かないでください」とお願いしています。理由があればいじめてよいと子どもたちが思ってしまうからです。最初から理由を用意していじめるようになるからです。

それより、「いじめをしなければならないほどの心の奥のイライラを吐き出させてあげてください。なぜいじめたくなるのか、自分のなかの原因に気がつくようサポートしてあげてください」とお願いしています。

自分の気持ちに寄り添ってもらったことのない子どもに、「他人の気持ちを考えてみなさい」と言っても困難です。自分の気持ちが受け入れられてはじめて、他人の気持ちを想像することができるようになります。

3条

教師はいじめのキーパーソン

1＊教師の質がいじめを左右する

傍観する教師、加害する教師

子どもが自殺したり、事件を起こすと、必ずのように、学校は児童生徒に命の大切さを説き、何か困ったことがあれば教師や親に相談するようにと言います。

しかし、現実には、児童生徒が切羽つまって、いじめを教師に相談しても、何もしてもらえなかったり、けんか扱いして両者を呼び出して仲直りの握手をさせたり、問題が起きるたびにおざなりな注意をするだけということが多くあります。「○○がそう言っている」「○○の母親から抗議があった」などと不用意に生徒の前で口にし、いじめがエスカレートすることもあります。「いじめられるほうが悪い」と被害者を責めたり、「やられたらやり返せ」と叱咤激励することもあります。担任教師や部活動の顧問との間に信頼関係がないと、いじめがあったときに、子どもはより追いつめられやすくなります。

今の教師の多くは、いじめ・いじめられのなかで育っています。人間関係が希薄で、できれば他人と関わり合いたくない、とくに複雑な人間関係はできるだけ避けたいという風潮のなかで育ってきたのです。自分自身が見て見ぬふりをしたり、いじめる側にまわることで、あるいは黙って耐えることで、なんとかやり過ごしてきたいじめ問題を、教師になったからといって解決できるはずがありません。

教師の言動がいじめの発端になっていたり、教師自身がいじめを先導していることもあります。親が同級生からのいじめを疑っていたら、担任教師からの体罰やいじめであったということもあります。

また、ジェントルハートプロジェクトで実施した子どものワークショップで、「見たいじめ、聞いたいじめ」を出し合って分類してもらったところ、「教師のいじめ」という項目が出てきたグループもありました。

今は教師であっても、いじめの第三者ではいられないことがあります。おとなしい教師は生徒からいじめのターゲットにされ、学級崩壊したり、休職や退職に追い込まれたりすることもあります。教師も、クラスの大半を占めるいじめる側の生徒を敵にまわしたくありません。あるいは、教師がいじめのリーダーになれば、生徒は教師の顔色をうかがうようになり、クラスをまとめやすくなります。

いじめに対処できない教師

今のいじめは巧妙で、教師が把握できていないこともあります。また、教師がいじめを軽くみていたり、関わるのが面倒だと思っていることもあります。教師にいじめを否定されても、親は子どもの言うことをまずは信じて、言葉に耳を傾けてください。

なかには、いじめにどう対処してよいかわからない教師もいます。そして、相手の気持ちを想像することができない教師もいるのです。

1978年4月23日に自殺した、長野県長野市篠ノ井の市立中学校の上原夕了さん(中2・13歳)は、いじめられてつらいと、担任教師にたびたび訴えていました。

どこをなおしたらいじめられずにすむのか、クラスメイトの自分への気持ちが知りたいと言った言葉を受けて、担任教師は道徳の授業中に、夕子さんを別室で待たせたうえ、クラス全員に「上原さんの何がいやなのか」をテーマに匿名で作文を書かせました。集めた作文に目を通したうえで、その約半分を本人に手渡しました。

夕子さんは遺書に「みんな人の気持ちがわかってほしかった。ひどい」と書いて、自殺しました。長野市教育委員会は、「教育的配慮が足りない面があった」として、遺族に700万円を支払いました。

同じような体験談を不登校の子どもたちのシンポジウムで聞きました。担任教師が事前に本人への断りもなく、いじめられている女子生徒を教室の前に立たせて、クラスメイトに彼女の欠点をあげさせ、黒板に書いていったというのです。女子生徒はその日から不登校になりました。

多くの児童生徒が教師の対応を見て、相談することをあきらめています。親に話せば教師に言う、教師に言えばもっとひどい目にあうとして、親にさえ言わなくなります。言わないから解決しなかったのではなく､解決しないとわかっているから相談できないのです。

では、マニュアルをつくれば、教師はいじめを解決できるようになるでしょうか。へたにマニュアルをつくれば、教師は目の前の子どもではなく、パターン化した対応にのみ注意が向くようになります。いじめは複雑な人間関係のトラブルです。加害者の性格、被害者の性格、周囲の状況によっても対応のしかたは変わります。あるいじめに対して有効だったやり方が、別のいじめに有効とは限りません。対応を間違えれば、児童生徒を死に追い込むこともあります。

マニュアルをつくるなら、お仕着せのものではなく、教師と保護者、生徒たちが自分たちの実情に合わせたものを、議論しながらつくり上げていくことが効果的だと思います。

マニュアルは、ものを考えない教師をつくってしまいます。いじめ対策に必要なのは、きちんと自分の頭で考え、行動できる教師です。子どもたちが求めるのは、ひとりの人間として自分たちの痛みに寄り添い、一緒に考えてくれる生身の大人ではないでしょうか。

教師が真剣に関わると解決しやすい

１９９７年1月に大阪市立大学・森田洋司教授らが中心になって行った、いじめに関する実態調査では、「いじめは担任が関われば多くは解決される」「いじめについて担任に知らせた結果、いじめが悪化するケースはごくわずかである」という結果が出ています（巻末の資料参照）。一方で、「担任のいじめについての考えを見ると、『いじめは絶対に許されない』という考えについて『非常にそう思う』と答えた者は小・中学校で約7割、高等学校で5割にとどまり、『いじめは、児童生徒の成長にとって、必要な場合もある』、『基本的には、いじめは子どもの世界に委ねるべき問題だ』と答えた者も見られ、いじめについての基本的認識が必ずしも十分に徹底されていないことがわかった」とあります。

娘が小学生のときにもいじめがありました。1学年2クラス、1クラスが25人という少人数の固定化された人間関係のなかで、常に誰かがいじめのターゲットになっていました。厳しい男性担任のときには、いじめがいくらか減少しましたが、翌年、物腰の柔らかな女性教師が担任になると、それまで陰を潜めていたいじめが一気にふき出しました。

5年生のときに、K先生という別の女性教師が転任してきました。K先生は初日に、娘の席と隣の席との間隔だけで、「どうしてそこ、席を離しているの！」と気づいてくれました。そのことに勇気を得て、放課後、娘は友人とふたりで、クラスにいじめがあると相談に行きました。

K先生は、怒るときにはいつも真剣でした。クラス全員でひとりの児童をいじめたときには、全員の親を学校に呼びつけて、児童たちと一緒に被害者とその親にあやまらせました。そして「いじめをするのはエネルギーがあり余っているからだ」として、マラソン大会など、外部の様々なイベントの案内をし、参加を希望する児童を募り、放課後は一緒に練習に取り組んだり、休みの日の大会にもつき合ってくれました。また、いろいろと問題行動を起こす児童でも、よいことをしたときには、クラスや保護者会で大いにほめました。

6年生でも担任が持ち上がりになり、卒業する頃には、いじめはすっかりなりを潜め、とても仲のよいクラスになっていました。

子どものために本当に一生懸命で、信じられる先生もいる。教師の影響力は大きいと実感しました。

いじめを解決できるかどうかは、教師の人権に対する考え方や教育にかける熱意、人間関係能力や問題解決能力などに大きく左右されますが、そのような教師をサポートする仕組みをつくることが大切なのだと思います。

信頼できる教師に出会えた子どもは幸せです。いじめは解決できると信じることができ、大人社会に希望を見出すことができます。

2＊教師に相談するとき

問題のある教師はいます。しかし、学校のなかで、子どもたちだけでは問題解決ができないとき、やはりキーパーソンは教師です。

子どもがいじめを訴えても信じてもらえないことがあります。特に言葉や態度のいじめは「気のせい」だとか「被害妄想」と言われ、取り合ってもらえないこともあります。また、教師がいじめをしたという生徒に話を聞いても、否定されてしまえば、あいまいなまま終わってしまいがちです。

教師にいじめの深刻さを理解してもらい、覚悟を決めて対応してもらうためにも、相手の言い逃れを回避するためにも、証拠をできるだけ集めましょう。

いつ、どこで、誰に、何をされたのか記録をとるようにしてください。ただし、いじめている子どもに知られると、いじめがエスカレートしたり、記録ノートを盗られたりすることがあるので、他の子どもには知られないように気をつけてください。

教師に見せるときや渡すときは、コピーをとる、写真をとるなどして、現物は手もとに残しておくようにします。故意か不注意か、教師が預かった証拠の品をなくしてしまったり、処分してしまうことがあるからです。

教師に相談しても改善が見られない場合、具体的にどのような対応をとってくれたのか、これからとってくれるのか、誰と連携をとっているのかを確認しましょう。同僚や上司の批判や評価を恐れて、ひとりで抱え込んでいることがあります。

担任でらちが明かなければ、部活の顧問、学年主任や養護教諭、副校長や校長など、他に信頼できる教師を見つけて相談しましょう。子どもに、どの先生なら親身になってくれそうか聞いてから、協力を求めるのもひとつの方法です。いじめの記録とともに、いつ、誰に、どのような相談をしたかの記録もとっておくとよいでしょう。

いじめの内容の深刻さによっては、夫婦で出かける、あるいは他の保護者と連れ立っていくことも有効でしょう。

ただし、教師をあまり責めたり、追いつめないでください。教師の関心がいじめではなく、親との対立に向いてしまうこともあります。目的は、責任を追及することでも、怒りをぶつけることでもなく、子どもが安心して学校に通えるようになることです。そのことだけを考えてください。

学校や教室、部活動のなかに、いじめの環境ができあがっていることもあります。いじめについて話し合う機会を設けてもらうとよいでしょう。その場合も、教師や加害者を一方的に責めるのではなく、情報を共有して協力を求めます。

いじめ問題の解決には、被害者親子の努力とともに、教師、他の保護者の協力、子どもたちの協力が必要です。協力者は多ければ多いほど解決の力になります。

そして、教師、学校、ＰＴＡなどに相談しても、対応してもらえないときには、子どもの安全を確保したうえで、教育委員会、人権擁護委員会、弁護士会など、外部にアドバイスや助けを求めましょう。残念ながら、どこに言えば確実に解決するという場所はありません。この問題に真剣に関わってくれる協力者を見つけることができるかどうかが、ポイントになります。

たとえ、それでいじめが解決しなかったとしても、親が自分のために必死になって動いてくれる姿は、子どもの心に親への信頼と勇気を与えてくれます。

いじめの証拠の集め方

メ　モ	日記や手帳、時系列にした一覧表など。日時、場所、関係した人物（目撃者を含む）の氏名・住所。会話、恐喝内容、命令、交渉、相談内容、相手の反応、態度や言葉（相手の言葉はできるだけ正確に書く）。似顔絵、現場の地図、部屋の見取り図、人員の配置図。その時の自分の感情（恐怖感・不安感・怒りなど）。
手紙類	手紙や書類、ファックスなど受け取ったものは保存する。メールや掲示板への書き込みをデータ保存する。
電　話	留守番電話のメッセージ、通話録音テープ、通話記録。いたずら電話の時間記録。着信履歴
金　銭	金の渡し先と金額、日時。通帳記録、銀行の支払明細書、レシート。
モ　ノ	壊されたり、落書きされたもの（衣類なども含む）。修理記録・請求書。
写　真	現場や壊されたりした物品、ケガの状態など（日付や時間を入れられるとよい）。
書　類	ケガや病気の診断書（有料）や治療明細書。
証　言	事件の間接的、直接的な目撃証言を集める（できれば、録音をさせてもらったり、署名をもらえるとよい）。※証言はできるだけ具体的に。「服装は半袖だったか」「学校の行事の前後？」などをキーワードに思い出してもらうとよい。

4条

「親子の信頼関係」を過信しない

1＊「信頼関係さえあれば」が落とし穴

子どもにとって一番大切なのは何か

子どものことをどんなに大切に思っていても、その気持ちが伝わらないことがあります。また、わが子のためによかれと思ったことが、結果的に死に追いつめてしまうこともあります。

子どもがいじめられていても、気づくことのできる親は4人に1人程度です（巻末の資料参照）。

子どもや周囲の人からいじめられていると聞いても信じようとしなかったり、「お前にも悪いところがある」「なんでやり返さないんだ」と責めることもあります。「学校には行くものだ」という固定観念に縛られて、子どもを無理やり引きずってでも学校に行かせることもあります。

自分のことだけで精一杯だったり、世間体を気にする親もいます。わが子の幸せは、一生懸命に勉強して、一流大学に入って、一流企業に勤めることだと信じて疑わない親もいるでしょう。

「いじめはどこにでもあるのだから」と、子どもが将来にわたってどんな困難にも立ち向かえるように、たくましく育ってほしい、という気持ちから出た言動かもしれません。

いずれにしても、自分の気持ちに寄り添ってもらえなかったことに、子どもは深く傷つきます。いじめのストレスだけでも大きいのに、いちばんわかってほしい家族に理解してもらえない絶望感が、子どもを追い込みます。いじめをきっかけに、親子の問題が表出することもあります。

「リスクマネジメント」の基本は「最悪の事態に備えること」です。子どもにとっての最悪は、成績が下がることでも、不登校になることでも、引きこもりになることでも、ニートになることでもありません。死です。子ども自身が死ぬこと。あるいは誰かを殺してしまうことです。

子どもにとって何が一番大切なことなのか、もう一度考えてみてください。

なぜ、子どもは親に言えないのか

子どもを守るためには、親子の信頼関係はとても大切です。一方で、残念ながら、どんなに親子間に信頼関係があっても子どもを守れないことがあります。「親子の信頼関係があるからうちは大丈夫」「何かあれば子どもは絶対に打ち明けてくれるはず」そう信じているところにこそ、むしろ落とし穴があるのです。

２００５年10月11日、埼玉県北本市で自殺した中井佑美さん（中１・12歳）の遺書は、「私、お母さん大好きなのにね」で終わっていました。

いじめ自殺した子どもたちをみると、とても親思いの子どもたちがたくさんいます。特にひとり親家庭では、子どもは親を守ろうとします。あるいは両親が揃っていても、仕事のこと、夫婦のこと、老親の介護などで大変な状況の親に、これ以上の負担をかけたくないと思ってしまうのです。

一旦、いじめられていることを親に打ち明ければ、家庭も平穏ではいられません。学校生活がいじめ一色で塗りつぶされるなか、家庭が居心地よければよいほど、この場所だけは心から安らげる場所として、最後までとっておきたいのかもしれません。

また、思春期には自立心が芽生えます。自分で解決したい、しなくてはならないと思っています。よく、自殺する子は芯が弱いなどと言いますが、本当に弱ければ泣いたり叫んだりして、異変に気づき、親の保護下に子どもを囲い込むことができたかもしれません。

中学生や高校生に自殺が多いのは、ひとつには自立しようとする時期だからではないでしょうか。

子どもたちに、「親が悲しむから死んではいけない」とよく言います。しかし、子どもたちの多くは、親が悲しむから、ぎりぎりまで打ち明けずにがまんしてしまうのです。また、心を深く傷つけられ、自尊心が低下しているときには、「自分なんかいないほうがまし」「迷惑をかけるだけ」と思ってしまったり、親の愛情さえ信じられなくなってしまうことがあります。


自分の子どもの頃のことを思い出してみてください。先生に怒られたこと、友だちとけんかしたこと、どんなに努力してもどうにもならなかったことなど、「ちょっとつらかったなぁ」という出来事が、あったと思います。

あなたはそのことを親や教師に話しましたか。

言わなかった人は、なぜ言わなかったのでしょう。親に話しても無駄だと思ったり、心配かけたくないと思ったり、もう小さい子どもではないのだから、自分で解決しなければと思っていたのではないでしょうか。

誰か大人に打ち明けたという人は、その結果はどうなりましたか。あなたが期待するような言葉がけを、あるいは行動を大人はとってくれましたか。打ち明けても、取り合ってもらえなかったり、かえって責められてしまった経験はありませんか。言わなければよかったと後悔したことはありませんか。

大人になった今なら大したことには思えなくても、当時は夜も眠れなかったり、死にたいと思いつめるほど深刻なことだったのではないでしょうか。

そして、ほんのちょっとした悩みだったら、親子関係がよければ言えたかもしれません。でも、ほんとうに深刻なことについて、親にすべてを打ち明けて話したでしょうか。

子どもだった頃を思い出してみると、今の子どもの気持ちが少しは理解できるのではないでしょうか。

子どもたちの多くは、「殺す」と脅されたこと、いじめや万引き、恐喝などに加担させられたこと、そして性的な虐待については、なかなか親に言えません。親だけには絶対に知られたくないと思っています。

弱い自分や加害者である自分、傷ついた自分を知ったら、親はどんなに嘆き悲しむだろう。病気になってしまうかもしれない。嫌われてしまうかもしれない。親の前だけでは「心配のないよい子」でいたいと思うのです。

2＊ホットな心とクールな頭で子どもに接する

日常会話を大切にする

子どもが「友だちのAちゃんがいじめられている」と話したときに、あなたはどのような態度をとっているでしょうか。「Aちゃんなら、いじめられてもしかたがないよね」などと言っていないでしょうか。

子どもはときとして、大人の反応をみるために、自分のことを他人のこととして話すことがあります。また、Aちゃんもいじめられているけれど、実は自分もいじめられている場合もあります。しかし、大人のこのような反応をみれば、自分がいじめられているとは言えなくなるでしょう。

テレビでいじめ自殺の報道があったとき、夫婦で、親子で、どのような会話をしていますか。「死ぬなんて弱い子のすることだ」「命を粗末にするのは悪いことだ」「なんで親に言わないんだろう」などと、被害者を責める発言をしていませんか。それを聞いた子どもは、自分が被害者になったときにも、親はきっと自分を責めるだけだと思ってしまいます。

このようなときこそ、「いじめがいかに人の心と命を傷つける恥ずべき行為であるのか」ということ、「自分の子どもには決して加害者になってほしくない」ということを話してください。そして、「親はたとえどんなことをしても子どもを守りたい」と思っていると、だから、「どんなにつらい内容も、打ち明けてほしい」と子どもに伝えてください。

そして、子どもがいじめることに対して、いじめられることに対して、どのような考えをもっているのか、どうしてそう思うのか、もし自分がいじめられたとしたらどうするか、親に言うかどうかなども、話してみてください。案外、親の想像していた答えとは全く別の答えが返ってくるかもしれません。

日常的にこのような会話を重ねることが大切だと思います。

子どもにいじめを打ち明けられたとき

子どもの気持ちに寄り添えば寄り添うほど、いじめを打ち明けられたときに、親はまるで自分が攻撃を受けたかのように感じてしまいます。取り乱したり、泣きだしてしまう親もいます。この反応を見て、子どもは「失敗した」と思います。親が動揺して悲しむ姿を子どもは見たくありません。自分のせいだと罪悪感にかられることもあります。

また、怒りに任せて、加害者の家に直接怒鳴り込む親もいます。とくに父親は、自分が抗議に出向けばいじめは解決すると信じています。しかし、むしろ感情的にこじれてしまうことのほうが多いようです。

あるいは、大人たちがその場で、子どもに形ばかりの謝罪をさせたり、和解の握手をさせておしまいということもよくあります。加害者側が心から反省していない場合、表面的にはあやまっても、「ちくった」として、いじめはエスカレートします。懲りると子どもは二度と話してくれなくなります。そうなってはじめて、親たちはいじめ解決の難しさを実感します。

相談を受ける人への言葉に「温かい心と冷静な頭脳」という言葉があります。子どもにいじめを打ち明けられたときには深呼吸をして、できるだけ冷静に対処してください。そして、親だけで突っ走らず、子どもと相談しながら、どうすればよいかを一緒に考えてください。

まず、子どもの話を聞くことに徹します。次からは、メモをとるなどして情報を整理することもよいでしょう。聞ける状態であれば、子どもに不明な点を確かめてください。ただし、一度にあまり追求しすぎると、心を閉ざしてしまうことがあります。

打ち明けてくれたことに感謝して、間違っても、子どもを責める言葉を言わないように気をつけてください。何気ない言葉にも、子どもは過敏になっています。驚きから思わず出た「信じられない！」の言葉に疑われたと感じたり、子どもがそんなにつらい思いをしていたことに気づかなかったことへの後悔から出た「なんでもっと早く言ってくれなかったの？」の言葉にも、「言わなかった私が悪いの？」と責められているように感じることがあります。それだけ、子どもの心は深く傷ついているのです。

それまでうまくいっていた親子関係がぎくしゃくすることもあります。ストレスを抱えた子どもはどこかに発散場所を求めます。親だからこそ、自分の苦しさをわかってほしいと子どもは思います。安心できる存在だからこそ、甘えて感情をぶつけてきます。子どものつらさを分かち合うつもりで、受け止めてあげてください。

そして、子どもへの愛情を、恥ずかしがらずにきちんと言葉で伝えてください。直接、言うことが難しかったら、手紙でも、メールでもかまいません。それが子どもにとって、生きることを支える力となります。

〈子どもに話を聞くときのポイント〉※まずは、口をはさまず聞くことに徹しましょう。

◎日頃から話しやすい雰囲気づくりを

いじめのことだけでなく、本音で話ができる関係をつくっておきたい。親の期待の大きさを感じていたり、良い子を演じていなければ親に愛されないと思っている子どもは、自分の弱みを親や教師に見せられない。

◎ありのままを受け止める

いじめっ子のタイプ、いじめられっ子のタイプという思いこみや先入観は捨てる。同じ話の繰り返しでも、本人の気がすむまで話させる（別のことを思い出したり、問題を客観的に見られるようになることもある）。

◎共感的に受け止める

「そんなことくらい」と軽く見ない。すべてを話していないこともある。また、心の痛みは本人にしかわからない（たとえ口だけでのいじめでも、大勢から、毎日のように繰り返されれば、精神的に追いつめられる。精神が健康なときには、笑っていられる言葉も、心身共に弱っているときには、大きな打撃となる）。

相手の身になって考え、「私はあなたの味方だよ」ということをしっかりと伝えることが大事。

◎加害者である可能性も含めて受け止める

仲間に引き入れるため、口止め効果をねらって万引きや自転車泥棒、いじめや恐喝への加担などを強要されることがある。家から金を持ち出していることもある。責められると、子どもは口を閉ざしてしまう。

◎話した内容がすべてとは限らない

多くの子どもは、最初からすべてを話したりせず、一部分だけ話して相手の反応を見る。そのときの大人の受け止め方で、もっと話すか、黙るかを決めるので、対応は慎重に。最も大きな被害（暴行・恐喝・性的被害など）は、なかなか言えない。大したことのない内容から話すことがある。

◎直接的に話すとは限らない

不登校になって半年以上たってから、実はいじめられていたと打ち明けることもある。友だちの話として言うこともある。いじめられているとは言わず、「転校したい」「学校に行きたくない」などと言うこともある。頭ごなしに叱らずに、なぜ、そう思うのか、じっくり話を聞く。

◎しつこく聞き出さない。でも、決して目は離さない

どれほど聞いても打ち明けないときには、その裏に「言えない」理由があることが多い。質問責めはかえって子どもを追いつめる（一度話して裏切られたり、死ぬほどの恐怖を与えられると、心理的な縛りから誰にも話せない）。

子どもは、安全を確信してようやく話すことができる。ただし、その間、子どもから決して目を離さないで。

◎親に言えないなら、他の人に話を聞いてもらう

かえって他人のほうが言いやすい場合がある。親戚、学校の先輩、電話相談、いじめられたことのある経験者、カウンセラー、弁護士など、誰でもいい。まずは、誰かに話せることが第一歩となる。

ただし、ハッパをかけられたり、責められたり、上っ面の話に終始すると、子どもは「誰もわかってくれない」と感じるので、人選には気をつける。

また、一度話した内容でも、相手や場所、質問の仕方によって、違う事実が引き出されることもある。

◎「書く」という手もある

話すときには、相手の思惑が気になる。ノートを与えて、胸のうちにつかえているものを書き出させよう。また、携帯メールなどを使って、親子間でやりとりする方法もある。ただし、焦らずに待つ姿勢で。

◎結論を急がない

大人が性急に行動を起こすと、子どもは打ち明けたことを後悔し、二度と打ち明けなくなる。まずは、本人がどうしたいのかをじっくりと聞いてから、一緒に考えて行動してほしい。本人にも、どうしたいのか、考える時間を与えること。

言えない子どもにどう対処するか

子どもには親に言えないことがあります。親だけには言えないこともあります。だからこそ、多くの人の協力が必要です。

親にどうしても打ち明けようとしないときは、きょうだいやいとこ、おじさん、おばさん、習いごとの先生、別の学校の友だちに話を聞いてもらうという方法もあります。

面と向かうとかえって相手の思惑が気になって話せないこともあります。親子で交換日記をしたり、メールでやりとりする方法もあります。また、旅行に行くなど、環境を変えると話しやすくなることもあります。小さい子どもは、一緒に風呂に入ってリラックスしたときに、打ち明けてくれることもあります。

子どもが言おうとしないときには、脅されている、犯罪に加担させられているなど、どうしても言えない理由があったりします。子どもは安全を確信してはじめて言えることがあります。無理に追求したりせず、ときには待つ姿勢も大切です。ただし、その間、子どもの安全には十分に配慮してください。理由を言えなくても、本人が休みたがるのであれば、学校を休ませてください。

いじめのサインを見逃さない

子どもは大人に言えないときでも、気づいてくれることを期待します。多くの子どもたちが、親や学校の先生が異変に気づいて、「どうしたの？ 何か困っていることがあるんじゃない」「何か思いつめている？」と聞いてくれたことに勇気を得て、いじめの事実を打ち明けています。「言わなくてもわかってくれる」という信頼感が、言えるようにしてくれるのです。

◎身体的な変化

たびたびけがをしてくる（理由を言わない、理由が不自然）。

タバコを押しつけられたような跡がある。リストカットをしている。

髪の毛が不自然に切れていたり、焦げている。

腹痛、頭痛、吐き気、めまいなど体の不調を訴える。

不眠。朝、起きられない。夢を見てうなされたり、飛び起きたりする。

アトピーが出る。今までしなかったおねしょをする。

食欲がなくなる。やせる。急激に太る。

◎服装の変化

服が破れていたり、汚れたり、濡れたりしている。

茶髪に染めたり、スカートの丈を長くしたり、ピアスをする。眉毛を剃る。

◎持ち物

なくなる、壊される、落書きをされる、汚される（文房具、教科書、カバンなど）。

金がなくなる（貯金箱の金や貯金、親きょうだい、祖父母の金など）。

大切にしていたゲームやソフトなどがなくなる。「貸した」「友だちにあげた」と言う。

◎言動の変化

集中力がなくなる。今まで楽しんでいたことをやりたがらない。

付き合っていた友人が変わる。親しかった友人とのつきあいがなくなる。

学校に行きたがらず、「転校したい」「部活をやめたい」と言う。送り迎えをしてほしがる。

臭いや清潔さを非常に気にする。

電話でよく呼びだされる（特に夜）。塾に行っているはずが、サボっている。

旅先のおみやげに非常に気を遣う。金遣いが荒くなる。

電話に出たがらない。電話に敏感になる（他の家族にとらせない、誰からの電話か気にする、会話内容を聞かれないようにしている）。電話での応対がぎこちない。

携帯メールが届いても見たがらない。メールを見ても返信せずにすぐ消す。親と一緒にいたがったり、夜、一緒に寝たがる。親を避けるようになる。

◎感情の変化

元気がない。怒りっぽくなる。きょうだいゲンカで手加減をしなくなる。

赤ちゃん返り（指しゃぶり、ハイハイ、抱っこをせがむなど）をする。甘えてくる。
対人恐怖症になる。外出や人混みを怖がる。
感情の起伏が激しくなる。急に泣き出す。

◎周囲からの情報

カバン持ちをさせられていた、不良とつき合っている、殴られていた、元気がなかった、いじめられているようだ、など、同級生や周囲の大人からの情報。

◎その他

無言電話やイタズラ電話が頻繁にかかる。嫌がらせの手紙が届く。
成績が落ちる。

【自殺の可能性もある要注意サイン】

〈きっかけとなるできごと〉

・深刻ないじめを打ち明けた直後
・暴行された直後

・自殺未遂をしたとき、繰り返しているとき
・長期休み明け直前や行事の前後
・自殺報道があるとき
・身近な人の死

〈注意すべき言動〉

・幻聴、幻覚を訴える
・うつ状態、うつ病
・落ち込んでいたのが立ちなおりはじめたとき
・アルバムを引っ張り出したり、昔の思い出話をする
・「死ぬ」「死にたい」「私は死なない」など、「死」について話題にする
・大切にしていたものを惜しみなく人にあげる
・いらないものを処分して部屋をきれいにしている

いずれも思春期にはありがちな変化です。事件が発覚した後から「そういえば」と思い当たることもあります。ただし、これらのサインがなかったからと言って、「いじめはなかった」とは言えません。

5条

子どもの命の危機を見逃さない

1＊親は子どもの死を想像できない

自殺報道を聞くと、私たちは「親はどうして気づかなかったのだろう」と思います。親子関係がよくなかったのではないか、会話が少なかったのではないか、親が子どものSOSの信号を見落としていたのではないかと想像します。

しかし、たとえ世間で自殺が話題になっているときでさえ、親はわが子の死を想像することができません。親にとって、子どもの死は、自分が死ぬこと以上に「あり得ない」ことなのです。

毎日、接しているだけにかえって小さな変化に鈍感になっています。とくに思春期は、子どもの情緒は不安定で当たり前です。感情の起伏が激しくても、ときに暗い顔をしていても、食欲がなくても、「年頃はこんなものかな」と思ってしまいます。

私が保護者のいじめ相談にのるとき、「お子さん、かなり追いつめられているのではありませんか」とお聞きすることがあります。私がそう言っても、多くの親は「まさか」「うちの子は大丈夫です」と笑います。「だって、テレビを見て笑っていますから」「ゲームに夢中になっていますから」「明るい性格ですから」。

自殺した子どもたちの多くもそうでした。最後の最後まで親に心配をかけまいと、平静を装っていました。笑っていました。わざわざ「僕は自分で死んだりなんかしない」と言って、親を安心させていた子どももいました。

もしかすると、心のなかでパンパンに膨らんだ思いをほんの少しでも吐き出してしまうと、風船に針を刺したときのように止まらなくなってしまうとわかっているから、無理に抑え込んでいたのかもしれません。なかには、「これ以上、どうしてもがまんができなくなったら死のう」と決意して、つらい日々に耐えていた子どももいるかもしれません。

死ぬことを決意したため、かえってふっきれて、明るく見えることもあります。そして、せっかくこの世に生まれて、せめて最後は、好きなテレビを見て、笑っていたかったのかもしれません。嫌なことを忘れたくて、必死になってゲームに没頭していたのかもしれません。亡くなるまで、多くの親は子どもの苦しみに気づくことができませんでした。

そういう話をすると、あるお母さんは言います。「実は、カッターナイフで手首を切りました」「死にたいと口にしました」。はじめて、わが子が死に直面しているかもしれないと気づいて、背筋が寒くなるのです。

個人差もあるでしょうが、親に見せる表情よりむしろ、食欲はあるか、夜眠れているか、といったことのほうが、子どもの心のバロメーターになるかもしれません。

2＊大人がほっとしたときが子どもの命の危機

いじめを打ち明けたとき

多くの事例で、大人たちが「これでもう大丈夫」とほっとしたときに、子どもは命を絶っています。

たとえば、ひどいいじめを打ち明けたとき。大人は打ち明けてくれたことで、ほっとします。しかし、子どもは大人に話したことで報復を受けることを心配し、強い恐怖心をいだきます。特に、ひどい暴行のあとは、肉体だけでなく心も深く傷ついています。恐怖心でいっぱいになり、ものごとを冷静に考えられなくなって、発作的に自殺を図ることもあります。

また、親からも殴られたことのない子どもにとって、肉体的な痛みを想像するだけでも恐怖になります。

「ボコボコにされるなら死んだほうがましだ」「殺すとか言ってもホントは殺さないとは思うけど、殺されるくらいなら自分で死のうと思って自殺した」などと遺書を残して自殺した男子生徒もいます。周囲に、「(仲間に) 殺されてしまう」と冗談まじりに話した後、自殺した男子生徒もいます。

思春期の子どもがいじめを打ち明けるときには、かなり切羽つまっています。ぎりぎりまでがまんして、限界にきてようやく打ち明けたりします。最後は自分が死ぬか、相手を殺すか、それとも誰かに相談するかと迷ったあげくだったりします。

しかし、子どもにもプライドがあります。とてもつらい内容を、大したことはないように装ったりします。また、いじめのなかで最も軽い内容から打ち明けたりします。そうやって、どこまで真剣に取り合ってくれるか、大人の反応を見ているのです。

その表面的なことを鵜呑みにして、大したことはないと判断したり、少し様子を見ようなどと思っていると、いじめが急激にエスカレートすることがあります。大人の対応を待ちきれずに、相手を殺してしまったり、自殺してしまったりすることがあります。

そして、大人の対応のまずさから報復が繰り返されると、子どもは打ち明けたことを後悔し、二度と打ち明けなくなります。その結果、死に追いつめられることがあります。

打ち明けた子どもが再び被害にあわないように、親も教師も安全確保には細心の注意が必要です。

行事や長期休暇の前後のとき

運動会や修学旅行などの行事の前後も気をつけてください。行事は子どもたちを解放的にし、大人の目はいつも以上に行き届きにくくなります。

学校行事には、不登校になっている子どもも参加しやすいのではないかと、参加を強く促すことがあります。しかし、非日常のなかでいじめがエスカレートし、集団リンチや性的な虐待などが起きることがあります。経験的にそれを予測できてしまう子どもが直前に命を絶ったり、そのときに大きな被害を受けた子どもが心の傷から命を絶ってしまうこともあります。

長期の休みの直前に命を絶ってしまうこともあります。大人たちはもうすぐ休みなのに、なぜ待てなかったのかと思います。

子ども自身が、ここまでがんばろうと決めて耐えてきても、がんばりきれないこともあります。一方で、加害者の自宅が近かったり、同じ部活動だったりすると、休みはかえっていじめられる機会や時間が増えます。共働きの家庭や、休みに入った学校では、大人の目も行き届きにくくなります。部活動をさぼれば、それ自体が制裁の理由になり、家にいても押しかけられたり、呼び出されたりします。繁華街でばったり会うこともあります。

また、長期の休み明け1週間内から1カ月内は統計的にみても自殺が多くあります。休みの間に何かが変わって、もういじめられないですむかもしれないと期待し、それが裏切られたときに、もうこれ以上がんばれなくなってしまうのではないでしょうか。

子どもが家出したとき

多くの親は子どもが家出をすると心配します。実際に親が単純な「家出」だと思っていると、死に場所を求めてさまよっていることもあります。犯罪に巻き込まれていたり、加害者たちに監禁されていることもあります。

また、本当に家出が目的だったとしても、現実にはどこに行ったらよいかわからない、食べるものも寝る場所も、未成年者ひとりでは確保できないことに強い無力感を感じます。

親は子どもが家に戻ってくると安心します。二度と家出などしないようにと懇々と諭したり、励ましたり、登校を促したりします。しかし、何も問題が解決されていないのに子どもが戻ってくるときは、ここよりほかに自分の生きていける場所はないと思い知らされて帰ってくるのです。すでに追いつめられて逃げ場を失った子どもは、もう「この世」に自分が安心できる居場所はないと感じてしまいます。

子どもが家出から帰ってきたときには、家族が心理的にも、物理的にも、どこよりも安全で安心な居場所を提供してあげてください。祖父母の家でも、親戚の家でも、子どもが安心していられる居場所を確保してあげてください。

リストカットや根性焼きの跡を見つけたとき

夏なのに長袖を着ている、水泳の授業をいつも休む、常にリストバンドをしているというような場合、注意して観察してください。暴行のあとや、リストカット、タバコの火を体に押しつける「根性焼き」のあとを隠していることがあります。仲のよいグループ内で、あるいは部活動や施設内で、ひとりの子どもがやり始めると、次々と伝染するように蔓延することもあります。手首ではなく、二の腕や太ももを傷つけることもあります。

リストカットは死ぬ気で切るわけではないと言われます。心の痛みを肉体の痛みに変えることで解消している子どももいます。痛みや、死の恐怖を感じることで生きていることを実感し、死に引きずられそうになる自分への予防策としていることもあります。

しかし、なかには、死のうと思って手首を切る子もいます。行為の数的には圧倒的に少ない男子のほうが、自殺につながる確率が高いと言われています。手首を切って死にきれず、直後にビルから飛び降りた例もあります。

男子の「根性焼き」は、仲間同士の結束を確かめるためや、肝だめし的に行われることが多いようですが、ストレスの吐き出し口としてすることもあります。

ただし、根性焼きは男女を問わず、大人からの虐待や子ども同士のリンチとしても行われます。自分ではとどかない部位に跡がある場合は、特に注意してください。火傷の跡が生涯残ることもあります。

リストカットも根性焼きも、原因がいじめとは限りません。しかし、心の叫びや自殺願望が隠れていることもあります。頭ごなしに叱ったり禁止するのではなく、子どもの思いを十分に聞いて、体を痛めつける以外の吐き出し口をつくってあげてください。

自殺が未遂に終わったとき

自殺未遂者は既遂者の10倍はいると言われています。子どもの場合は、100倍という説もあります。

子どもの自殺が未遂に終わったとき、大人は「死ななくてよかった」とほっと胸をなでおろします。そして、一度怖い思いをしたのだから、もう二度と死にたいとは思わないだろうと思います。あるいは、「死ぬ、死ぬというやつに限って死んだためしはない」などと言われることから、本当は死ぬ気はなかったのだろうと思ってしまったりもします。

しかし、既遂者は何度も自殺未遂を繰り返しているとも言われています。未遂を繰り返すことで恐怖心が薄れ、死への道筋ができてしまうこともあります。自殺未遂したその日に再度挑戦して、死んでしまった子どももいるのです。自殺未遂をすること自体、平常心ではないのですから、しばらくは注意して見ていてください。自殺未遂を繰り返す場合も、死へのリスクはより高いと考えてください。未遂者の10人にひとりは、将来同様の行為を繰り返し、自殺で命を落とすと指摘されています。

なかには自殺未遂した直前のことを何も覚えていないという人もいます。必ずしも、意識して死のうとしているわけではなく、深い心の傷から自分の感情や行動までがコントロールできずに、ふとした拍子に死へ引きずられてしまうということもあるのです。「またか」などと、安易に考えないでください。

このような人に、自殺しようとしたことを叱ったり、「命の尊さ」を説いても無駄です。本人もよくわかっているのです。責められていると感じ、自分を責める気持ちが、かえって死に追いつめてしまいます。むしろ、死にたいほどつらい気持ちに寄り添ってください。本人が「死にたい」と口にするときも同様です。そして、予兆があるときには、決して目を離さないでください。ときには強制入院が必要な場合もあります。

子どもがうつ状態のとき

うつ状態も、本当にひどいときは、自殺を行動に移す気力さえありません。しかし、少しよくなったとき、行動してしまいます。「明るくなった」「ふっきれたみたい」と周囲が思っていると、発作的に死に至ってしまうこともあります。

カウンセリングに通っているから、処方されている薬を飲んでいるから安心ということはありません。カウンセリングも、薬も、私たちが思っているほど万能ではありません。副作用があったり、特に子どもへの処方はかえって自殺率を高めると言われている向精神薬もあります。

そして何より、どんなに治療をしていても、いじめが続いていれば、本人の状態は絶対によくなりません。一番の薬は、いじめがなくなること、加害者の心からの謝罪を受けることです。それが難しいようであれば、学校を休む、転校するなど、その場所から離れることを考えてください。

うつ病の早期発見は、自殺の予防にもつながります。おかしいと思ったら、自覚する意味でも、専門機関を受診したほうがよいと思います。精神科に直接行きづらいようであれば、思春期外来や精神科のある総合病院で内科を受診するとよいでしょう。睡眠薬や精神安定剤を処方してくれたり、専門医を紹介してくれることもあります。なお、薬の服用については、十分な説明を受けるようにしてください。

自殺報道がされているとき

特に自殺報道がされているときは気をつけてください。

同じような悩みを抱えている子どもにとって、「自殺」が問題解決の方法に見えてしまうことがあります。

誰もわかってくれない自分の心の痛みを、死ぬことでみんなに理解してほしいと願うのかもしれませんし、いじめによって否定された自己存在を示したいと思うのかもしれません。また、集団自殺のように、ひとりでは踏ん切りがつかなくても、誰かと一緒であれば怖くないと思えるのかもしれません。死ぬときはせめて、誰かとつながりを持っていたいと思うこともあるでしょう。

自殺報道は、諸刃の剣です。問題の存在を私たちに知らしめてくれる一方で、打開策が見えないなか、子どもたちを死に導いてしまう危険性もあります。目をそらさず、この機会に親子でしっかりと話し合ってください。子どものＳＯＳに気づくきっかけにしてほしいと思います。

いじめが解決したと思ったとき

文部科学省の調査では、毎年いじめの80％から90％以上が年内に解決していることになっています。しかし現実には、何年にもわたっていじめられている子どもたちが大勢います。日本のいじめは海外と比較しても、長く続くのが特徴です。

そして、いじめ自殺や報復事件のあと、学校関係者が必ずのように口にするのが、「そのつど、いじめた子どもたちに注意をしていました」「解決したと思っていました」という言葉です。

しかし、いじめは大人が介入してからのほうがむしろ危ないのです。今のいじめの多くは、教師がちょっと注意したくらいではなくなりません。

大人たちの前では反省と謝罪を口にした子どもが、直後にもっとひどいいじめをしたり、二度と大人に告げ口できないように徹底して痛めつけたり、より外部からはわかりにくい、証拠に残りにくいかたちで陰湿にいじめたりします。

なかには、担任教師に言われて、クラス全員であやまったあとも、同じようにいじめが続いていた例もあります。あるいはいったん下火になったものが、ほとぼりが冷めた頃、再発することがあります。

いじめられた子ども自身が「よかった。これでもういじめられずにすむ」と安心し、心のガードをゆるめたところを攻撃されると、それまで以上にダメージが大きくなります。謝罪を受けたあともいじめられると、人間不信に陥ったり、大人に相談しても無駄だと思って、被害を話せなくなります。

いじめが終息したと思ったあとも、ときどきその後の様子について聞いてみてください。そのときに先入観をもっているとおざなりな聞き方になり、子どものほうも敏感に反応して本当のことを話してくれないことがあります。

また、大人がすでに終わったこととして聞く耳をもたずにいると、子どもはエスカレートしたいじめで心身ともに追いつめられてしまいます。報復はあるものと思って注意深く、特に半年内くらいは子どもの様子に気を配ってください。

学校が別々になったり、社会人になってからも、いじめが再発することもあります。味をしめた加害者が、恐喝やパシリに使うことを目的につきまとうこともあります。

また、いじめそのものは解決しても、周囲の思う以上に心に深い傷を残していることがあり、心の病で、自殺してしまうこともあります。

急かしたり責めたりせずに、あたたかく見守ってください。

6条

不登校や転校で安心しない

1＊「いじめから逃げる」のは大切なこと

「あと少し」が子どもを追いつめる

1994年11月27日の大河内清輝くんのいじめ自殺をきっかけに、文部省はいじめの緊急避難として「不登校もやむをえない」という見解を出しました。

子ども自身、「どんなことがあっても学校には行かなくてはいけない」という呪縛に苦しんでいます。「自分の命を危険にさらしてまで学校に行く必要はないんだよ」「逃げてもいいんだよ」と子どもに伝えることはとても大切です。なかには、不登校になって半年後にようやく、死ぬことまで考えていたと親にいじめを打ち明けた子どももいます。

心的外傷からの回復は、安全な場所を確保してからはじまります。もちろん、不登校の原因のすべてがいじめとは限りません。しかし、不登校になった子どもたちのほとんどは深く傷ついています。どうして、学校に行けないのか、自分でもわからない子どももたくさんいます。みんなと同じように学校に行けない自分を責めてしまいます。親が心配したり、悲しむことも知っています。さらに、学校の先生や親にまで責められたらどうでしょう。ますます苦しくなります。

学校に行かないことに罪悪感を持たせれば、外出さえできなくなります。学校に行かなくとも、何かを楽しむことができればきっと、人生のプラスになるでしょう。子どもから、その機会を奪わないでください。

以前に比べると不登校が容認されてきました。それでもまだ、子どもが学校に行くのを嫌がっても、無理に行かせようとする親はいます。

子どもが学校に行きたがらないことを教師に相談すると、「休みぐせがつく」「成績に響く」「そんなことでは将来困る」「ニートになったり引きこもったりするようになる」と脅されたり、「いじめにはきちんと対応しますので、来させてください」と説得されて、何とか子どもを学校に行かせようとすることもあります。

いじめがあるとわかっていても、親がこれからの競争社会に生き残るためには、いじめに負けない強い子どもに育てなければならないと思い込んでいることもあります。

脅したり、なだめたり、暴力を振るったり、車に無理やり乗せて学校に連れて行くこともあります。

そのときは、学校に行くようになったとしても、子どもの心には大人への強い不信感が残ります。いじめで死に追いつめられても、次からは「学校に行きたくない」と言えなくなります。「このつらい気持ちを親さえわかってくれない」という怒りの感情が、家庭内暴力として現れることもあります。子どもを無理に学校に行かせることは、かえって問題をこじらせ、解決を難しくします。

特に、受験勉強を乗り越えてようやく入った学校だったり、卒業まであとわずかだったりすると、親はもう少しがんばることを強要してしまいがちです。しかし、ぎりぎりまでがまんしている子どもにとっては、「あと少し」が死に追いつめる結果になることもあります。

「お父さんお母さんやっぱり僕はこの高校になじみませんでした。お父さんやお母さんが話してくれたように高校をやめたり、転校したりしたら、一生こうかいするといいましたが、僕は負け犬でもちがう高校で努力をしたかった。又、負け犬でこうかいした方が、今の高校でくるしむよりも幸だったと思います(後略)」

1998年7月9日に自殺した男子生徒(高校1年)の遺書より

出典:『いじめ・自殺・遺書―ぼくたちは、生きたかった!』子どものしあわせ編集部 編/(草土文化)

夢が枷《かせ》になることもある

学校に行きたがらないことは、いじめのひとつのサインになります。しかし、登校を嫌がらずに毎日通っているからといって、いじめられていない、あるいはいじめがあっても大してひどくはない、本人も深くは傷ついていないことの証明にはなりません。

死に追いつめられるほど深く傷ついていても、学校に通い続ける子どももいます。親が「学校に行かなくてもいいんだよ」と言っても休みたがらないことがあります。

子ども自身が、学校には行くものだと強く思い込んでいることもあります。行かなければ勉強が遅れて成績に響いたり、出席日数が足りなくなって、進級や受験、卒業に差し障ります。自分にとってマイナスになることや、親が心配したり、悲しむことを知っているのです。自分は悪くないのに、なぜいじめを避けるために学校を休まなければならないのかと、つらくてもがんばってしまう子どももいます。

また、いじめがエスカレートすることを恐れて、休むことさえできないこともあります。加害者たちに「休むなよ」「明日も来いよ」と命令されていたり、その日に金を渡すことを約束させられていることもあります。学校を休んだことで、親や教師にいじめをちくったと思われ、報復されるのを恐れることもあります。休み明けに学校に行くと、「仮病」や「サボり」と言われたり、葬式ごっこをされることもあります。

よく、自殺の防止に「夢をもつこと」を掲げます。「夢さえあれば、どんなにつらいことがあっても生きていけるはずだ」と。しかし、ときとして夢があるために、いじめから逃げられないこともあります。

受験競争を勝ち残ってせっかく入った学校、あこがれの部活動、将来の夢を実現するために必要な資格。これらをあきらめきれないために、無理をしてしまう子どもはたくさんいます。

特に、部活動のなかでいじめられている場合、休むことは競争に負けることにつながります。努力してつかんだレギュラーの座を逃すこともあり、悔しい思いをします。

あるいは、部活動を休むことが、さらなるいじめの口実となり、「たるんでいる」「やる気がない」「根性をたたきなおしてやる」などと言われて、制裁の対象になったりします。顧問の信頼を失ったり、後輩からも白い目で見られたりします。

部活動を休みたくても、何と言い訳したらよいかわからなかったり、教師や親にいじめの事実を知られたくなくて休めないこともあります。

部活動のなかの暴力は、練習や指導、伝統の名のもとに正当化されやすく、被害者の弱さや失敗、技術力不足などに原因をすり替えられがちです。周囲からもより認識されにくくなります。

また、部活動内のいじめの発覚は、活動の停止や大会への出場、部活の存続にもかかわります。自分だけでなく、他の部員たちの夢をも壊すことがはばかられて、いじめを告発できないこともあります。被害者や告発者がトラブルメーカーとして、加害者以上に周囲から非難を浴びることもあります。

スポーツ推薦で入学した場合などは、部活をやめることが学校をやめることにつながったり、居づらい雰囲気になることがあります。私立学校では、いじめの被害者であっても、学校の運営方針に不満をもつものとして、退学を迫られることさえあります。

いじめから逃れるために、被害者側がさらに多くのものを失わなければならないことがあるのです。

ただし、夢を持つことがいけないのではありません。子どもの夢を守り育てていけない環境にこそ問題があるのです。

2＊不登校や転校はあくまで緊急避難

不登校になってもいじめは解決しない

つらいなら学校を休ませるということは、心と命を守るうえで、とても大切なことです。一方で、学校に行かないことは緊急避難であって、必ずしもいじめの根本的な解決にはなりません。

多くの場合、目の前からいじめの被害者がいなくなると、学校や教師は問題が解決したかのように思ってしまいます。問題が、いじめから本人が学校に行けないことへとすり替えられてしまうこともあります。

加害者の問題が手つかずで、いじめが蔓延する学級環境が改善されなければ、いじめは教室に残り続けます。被害者が不登校になったり転校すると、別の子どもが代わりにいじめられることがよくあります。意を決して久しぶりに登校した子どもが再びいじめにあうこともあります。いつまで待っても、被害者が再び安心して学校に行けるような対応がとられないのが多くの現実です。

不登校になってもいじめが続いていることもあります。今は、いじめも情報化時代です。きょうだいが少なく子ども部屋は個室化しています。携帯電話で家族を仲介せずに連絡を取り合うため、外部からの接触や子どもの変化に親が気づくことが以前より難しくなっています。

携帯電話に悪口や脅しのメールが来ることもあります。サイトに誹謗中傷や個人情報を書かれることもあります。携帯電話やメールで呼び出され、コンビニに買い物に行くと言って出かけては、金を渡していることもあります。

また、共働きの家庭で親の不在中、いじめっ子たちに呼び出されたり、家に押しかけられることもあります。なかには、教師が不登校になっている子どもを学校に来させようと、わざわざ、いじめていた子どもたちに迎えに行かせることもあります。

そして、多くは不登校になったり、転校しても同じ町に住み続けます。特に地方では繁華街などは狭い範囲に限定されるため、いじめの被害者が町に出かけたときに偶然、加害者に会うこともあります。携帯電話を使って仲間を呼び寄せ、囲まれたり、通学や塾などの行き帰りを駅や路上で待ち伏せされることもあります。公園や路地裏に連れ込まれて脅されたり、殴られることもあります。

今やいじめは学校のなかだけとは限りません。学校の外でもいじめは継続されます。報復を恐れて、子どもが言いたがらないこともあるので、親は細心の注意が必要です。

事前に、加害者に偶然会ってしまったらどうするか、向こうから連絡をとってきたらどうすればよいか、具体的な対策を子どもとよく話し合っておきましょう。

不登校になっても心の傷は癒えない

たとえ継続的ないじめがなかったとしても、被害者にとって不登校でいることは問題の解決にはなりません。なぜなら、多くの場合、いじめられている子どもはいじめさえなければ学校に行きたいのです。

学校には同年代の友だちがいます。親より友だちを必要とする時期です。そして、学校に行かないことの不利益を、子どももよく知っています。自分の将来に不安と焦りを感じます。自分は悪くないのに、学校に行くことができず、いじめた側はその行為を責められることもなく、のうのうと進級、進学し、トントン拍子に社会へと出て行くのです。理不尽さに怒りを感じます。

文部科学省も不登校をいじめの緊急措置として認めていますが、現実にはいじめ問題は不登校問題にすり替えられ、カウンセリングを受けさせられたり、適応指導教室で学校に行くよう迫られます。さらに、社会的にもいじめ問題が下火になり、不登校や引きこもり、ニートにスポットがあたりはじめると、再び登校刺激は与えるべきという考え方が巻き返していきます。

最初は学校に行かないことを認めていた親でさえ、そのうち「いつまでそうやっているんだ」「進学はどうするんだ」「将来はどうするんだ」と責めるようになります。

加害者から謝罪もなく、二度といじめられないという保証も安心感もないなか、被害者が再び学校に復帰することは困難です。また、いじめられるのではないかという強い恐怖心があります。いじめがあっても、同級生も教師も味方になってはくれないだろうという不安があります。

どこにぶつけてよいかわからない将来への不安や理不尽さへの怒りが、ときには家族への暴力となることもあります。いちばんわかってほしい相手に気持ちをわかってもらえないイライラ。家族だから許されるだろうという甘え。しかし、暴力を振るうことで、家族からも見放されることさえあります。

心の傷を理解されることなく、責められると、子どもの心の傷は深くなります。絶望感から心を病んだり、自殺に至ることもあります。できていないことを言い立てるのではなく、立ち直ろうとする努力を認めてあげてください。

人間関係で受けた心の傷は、基本的には人間関係のなかで癒すしかないと私は思っています。傷ついた子どもの心を受け入れてくれる人や場所を探してみてください。

なかには福祉施設などでボランティアをして、誰かに必要とされたり、感謝される経験をすることで、自尊感情を取り戻していった子どももいます。

あるいは、カウンセラーとの面談や集団カウンセリングのなかで、話を聞いてもらったり、思いを分かち合うことで、徐々に立ち直っていく人もいます。

転校先でもいじめられると追いつめられる

1994年の大河内清輝くん（中2・13歳）のいじめ自殺以後も、子どもの自殺が相次いだことを受けて、文部省は「いじめの問題の解決のために当面とるべき方策について」（通知）の中で、いじめられている児童生徒への対応として、緊急避難としての欠席、学級替え、「転校」措置の弾力的運用の徹底などを通知しました。

もっとも、通知は出ても、いじめの存在を認めようとしない学校が、転校手続きをとらないこともあります。受け入れ先の学校が、問題を抱えた生徒の転入は迷惑として拒否することもあります。通学距離やお金の問題もあります。世間で思っている以上に困難なことが多いようです。

また、安易に転校をすすめられた児童生徒は、加害者が学校に平然と残り続け、何も悪くない自分がなぜ出て行かなければならないのかと理不尽に思います。本来であれば、学校がいじめをなくす努力をするべきなのに、被害者である自分が切り捨てられた、見捨てられたと感じてしまいます。

一方で、いじめた子どもたちは、被害者が不登校になったり転校しても、自分たちの責任が追及されないとき、学校側から自分たちの行為が容認されたのだと思ってしまいます。自分たちの勝利と感じてしまいます。味をしめた子どもたちは、別の子どもをいじめのターゲットにします。

被害者であれ、加害者であれ、転校させることは、学校にとっては問題の切り捨てでしかありません。保護者が転校によって子どもの安全を確保したうえで、学校と交渉を進めようと思っていても、「もう、うちの生徒ではないので関係ない」と、話し合いにさえ応じてもらえないことがあります。

もちろん、転校することで、被害者の気持ちが切り替わり、新たな学校生活をスタートできる場合もあります。しかし一方で、いじめが理由で転校した児童生徒が、次の学校でもいじめにあうこともあります。

今は、全国各地の学校にいじめが蔓延しています。また、住所が変わらないのに学校を変わるというのは、いじめの被害者か加害者という先入観が受け入れ側にあります。

学校や教師が、いじめられる側の性格や態度に問題があるという偏見をもっていたり、トラブルメーカーと決めつけ、最初から適切な対応を拒否することもあります。

いじめや非行で転校させられてきたに違いないという学校側の思い込みから、転入生が隔離されたり、監視されるなど不当な扱いを受けることもあります。

また、前の学校から「いじめられて転校した」という情報が、塾やスポーツクラブを介して、新しい同級生らにもたらされることがあります。そうすると、せっかく転校した先の学校でも「いじめられっ子」のレッテルが貼られ、再びいじめのターゲットにされます。それでなくても、転校生は孤立していることから、余計いじめのターゲットになりやすいのです。

いじめの被害者が転校先でもいじめられた場合、自分に非があると思い込んだり、どこに行ってもついてまわるいじめに絶望し、転校からわずか数日から数週間という短期間で、自殺してしまうことがあります。

親は問題を解決せずに、安易に転校を選んでしまった自分を責めます。また、子どもの自殺の原因を前の学校に求めたらよいのか、新しい学校に求めるべきなのかわからず、結局は泣き寝入りせざるを得ないことが多くあります。

不登校受け入れ校なら安心か？

いじめられた子どもの転校先を考えるとき、近くに受け入れ校がない、地元にいるのが心配、一般の学校では再びいじめがあるのではないかということで、不登校受け入れ校や寮制の学校に転校させたり、海外に留学させることがあります。

そのような学校では、教師や職員全体に子どもへの理解が進んでいたり、傷ついた子どもの受け入れ経験が豊富にあり、一人ひとりの生徒の事情にきめ細かく配慮してくれることもあります。カリキュラムも心身の異常を抱える子どもにも無理のないものだったりします。同じような事情を抱えた仲間と出会い、孤立感から救われることで、心機一転、立ち直りのきっかけになることもあります。

しかし、残念ながら、いじめ被害者や不登校生徒を受け入れている学校でもいじめは起こります。多くは、経営上の理由から、いじめの被害者だけでなく、非行を繰り返し、受け入れ先のない生徒も入学させています。また、生徒一人ひとりが心に深い傷を抱えていることが多く、人間関係に過敏になっていたり、怒りの感情を溜め込んでいたり、情緒不安定な生徒が多かったりします。教師やスタッフがよほどしっかりしていないと、一般校よりかえってトラブルが起きやすいのです。ときには、集団リンチや殺人事件にまで発展することがあります。

また、寮生活や海外生活などの慣れない環境は、子どもにとって強いストレスになります。適切なフォローがないなかで、精神に異常をきたしたり、友人間のトラブルに巻き込まれたりします。海外ではとくに、入手のしやすさから薬物などに手を出してしまうこともあります。

そして、寮生活や海外留学では、親がサポートすることはできません。家族と連絡を取り合うことが、子どもの精神的な立ち直りや環境になじむことへの障害になるとして、一切の連絡をとらせない学校もあります。

一般に、不登校受け入れ校や海外留学は、公的な補助がなく、かなり高額な入学金や授業料、生活費がかかることがあります。なかには入学金目当てで経営し、運用や管理がずさんな学校もあるので、注意が必要です。

入学案内にはよいことしか書いていなくても、現実には子どもにとって様々な困難が待ち受けていることがあります。学校を自分の目で見たり、体験入学をする、中退者が毎年どのくらいいるのかや、卒業生の経験談を聞くなど、慎重に選んでください。二度目の深い心の傷で、取り返しのつかないことになってはいけません。

いずれにしても、子ども自身の意思を尊重し、決して無理強いはしないでください。

7条

今のいじめは想像を絶すると知る

1＊「まさかそこまで……」の時代ではない

いじめは何歳ころからはじまるか

幼稚園ですでに、訴訟に発展するようないじめ事件が発生しています。

近年では、小学校入学時から学級崩壊することもあります。授業が成り立たないほど子どもたちが荒れているとき、いじめも当然、多くなります。そして、教師は授業を成立させることに精一杯で、いじめ被害者の発見やサポートがおろそかになることがあります。

幼児期から小学校低学年にかけては、集団でのいじめより、乱暴な子や力の強い子が、他の子どもに危害を加えることが多いようです。あるいは口が達者な子どもが、周囲の子どもを先導して、ひとりの子を仲間はずれにすることもあります。立場が逆転することもあります。

いじめは、小学校低学年の場合、比較的、やったりやられたりが多いようです。しかし、3、4年生頃からだんだんとターゲットが固定化されます。5、6年生で頻度や内容がエスカレートしやすくなります。

「死」の意味がよく理解できていないこともあるでしょう。いじめ自殺は、小学校の4年生くらいからあります。

そして、小学校の低学年でも、金のありがたみをよく知っています。金があれば楽しく遊べます。無力な子どもでも万能感が得られます。小学校でもすでに、恐喝を苦にしたいじめ自殺が起きているのです。

今の子どもは、テレビやインターネットなどを通じて、知識は大人並です。携帯電話やサイトに関しての情報は、親以上に豊富だったりします。子どもでも簡単にアクセスできる刺激的な情報があふれています。

体の発達も早いなかで、性的ないじめもあります。

「小学生のうちはまだ大丈夫」などとは言っていられない世の中なのです。


小学校で解決されなかったいじめは、中学校に持ち越されることがよくあります。

誰かがいじめのターゲットになっている間は、他の子どもは比較的安全でいられることから、いじめのレッテル貼りが行われやすく、一度、「いじめられっ子」のレッテルを貼られるとそこから抜け出すことは困難です。周囲の子どもたちも、自分がいじめられないために、いじめに加担します。守ってくれる人はいません。

授業ごとに担当教師が変わる中学校では、生徒の様子はより把握しにくくなります。授業も難しくなり、苦痛に感じる子どもが出てきます。長時間にわたる授業を楽しく過ごすために、いじめをはじめる子どももいます。学力、運動能力、容姿などにも差が出てきて、比べられたり、評価されることにストレスを感じたり、妬みが生まれたりします。

テレビやゲームの影響はあるか

テレビのバラエティ番組では、誰かをいじめて笑いをとります。大人たちが公然と楽しんでいるいじめに、子どもたちが罪悪感をもつはずがありません。

アニメや映画では、死んでも生き返ったり、霊体になって活躍するストーリーがたくさんあります。子どもたちは、好戦的で強い主人公に感情移入します。

一方で、友だちやきょうだいと群れて遊んだり、取っ組み合いのケンカをする経験をもたない子どもが増えています。触れ合う楽しさも、殴られる痛みも、知りません。高齢者と暮らすことが少なく、病院で亡くなることが多くなった現代では、子どもだけでなく、大人でも現実の死を知らない人がたくさんいます。

私は、暴力的なアニメやゲームだけが問題だとは思いませんが、殺人場面などの強すぎる刺激は未成熟な脳に悪影響を与えるのではないかと思います。ゲームは技術の向上で、よりリアルになっています。体験より、バーチャルな情報量の方が多ければ、現実と非現実とを混同してしまうのも無理はないと思います。

テレビやゲーム、漫画などに触発された少年事件も起きています。ホームレスを殺害した少年たちは、「ゲームの格闘技を実際の人間で試してみたかった」「ゲームと違っていろんな反応を示すのが面白かった」と供述しています。

軍隊では、戦場で兵士が罪悪感を持たずに敵を殺せるように、ゲームで殺人のシュミレーションをさせるといいます。子どもたちは毎日のように、人を殺す訓練を行っているのです。最初は気持ち悪いと思ったり、残酷だと思ったシーンにも、すぐに慣れます。慣れると新たな刺激がほしくなります。

死を実感できない子どもたちは、命の大切さも感じることができません。相手が「死にたい」と言ったり、自殺未遂をしたと聞いてさえ、それをネタに「自殺未遂やろう」「死ぬ勇気もないのか」といじめたり、「死ぬ気があるなら、ここから飛び降りてみろ」と言ったりします。同級生の死を知っても、現実味を感じることができません。

長崎県教育委員会は、2004年6月1日に起きた小6女児の同級生殺害事件を受けて、県内の小中学生を対象に「生と死のイメージ」に関する意識調査を実施しまし

た。その結果、「死んだ人が生き返ると思いますか」の問いに「はい」と回答した児童生徒は、小学4年生14・7％、小学6年生13・1％、中学2年生18・5％。「死んだ人は生き返る」と思っている子どもは全体の15・4％に上り、小学生よりも中学生の方がその割合が高かったのです。

その理由についてたずねると、約半数が「テレビや本で生き返る話を聞いたことがあるから」と答え、29・2％が「テレビや映画で生き返るところを見たことがあるから」、7・2％が「ゲームでリセットできるから」と回答したそうです。

県教委は「子どもたちは経験ではなく、周囲の情報で死を認識しているようだ」と分析しています。

「非現実」に対抗し得るものは、「現実」です。小さいときから、子どもにたくさんの体験を積ませてあげてください。楽しく遊ぶなかから、人と触れ合うことの心地よさを感じたり、相手の痛みを想像できる「心」が育つのです。

そして、たくさんの「思い」に触れさせてあげてください。ジェントルハートプロジェクトでは、子どもを失った親のつらさ、悲しさを子どもたちに知ってもらうことで、「人には心がある」ということ、「人が死ぬとはこんなにも悲しいことなんだ」「命は大切なものなんだ」ということを感じてもらう活動をしています。

エスカレートするいじめの心理

今のいじめは「限なし（限度がない）」と言われます。新しい遊びを考えるように、新しいいじめの手口を考え出します。また、テレビやインターネット、雑誌を通じて大人顔負けの知識があります。一方で、経験が少ない分、相手の痛みを想像することができません。結果の重大さに考えが及びません。

いじめがときとして殺人にまで発展してしまうことの背景に「アイヒマン実験」や「監獄実験」に見られるような人間の心理があるのではないでしょうか。

〈アイヒマン実験〉

１９６０年から１９６３年、アメリカのイェール大学で心理学教授をしていたスタンレー・ミルグラム博士が行った実験。６００万人ものユダヤ人を虐殺したアドルフ・アイヒマンの名前に由来して「アイヒマン実験」と呼ばれています。

「記憶研究のための実験」と称して集めた人々に、「教師」と「生徒」という役割を与え、生徒役の被験者が質問に答えられないと、教師役が電気ショックを与えます。実は生徒役は助手で、電気ショックの痛みに苦しむ演技をしていました。実験を続けるうちに教師役は躊躇なく電圧を上げていきました。

教師役と生徒役は別の部屋で、スピーカーを通して苦しむ声を聞かせた場合、40人中31人（約8割）が300ボルト以上の電気ショックを生徒役に与え、最高値の450ボルトに達したのが25人（約6割以上）いました。教師役と生徒役を同じ部屋にした場合にも、40人中25人が300ボルト以上の電気ショックを与え、最高値まで実験を続けた者が16人もいました。

〈監獄実験〉

1971年、アメリカのスタンフォード大学心理学部で心理学者フィリップ・ジンバルド教授が、アイヒマン実験と似たような実験を行いました。

新聞広告で集めた人々を「看守役」と「囚人役」とに分け、模擬刑務所を演じさせます。すると、看守役はどんどん残酷になり、その行為を楽しむようになり、囚人役は無気力になっていきました。

2週間の予定ではじまった実験は、結局1週間程度で中止せざるを得ないほど、残虐行為はエスカレートしていきました。

いじめる側といじめられる側の役割が固定されると、相互作用のなかで、加害者は自分を正当化し、被害者は自分を卑下したり無力化するようになります。

ある少年は、自分自身はいじめのリーダー格ではなかったものの、被害者がパシリや恐喝などを拒否したときに、「なぜ、自分のやるべきことをやろうとしないのか」と怒りを感じたと言います。

いじめる側は罪悪感もなく、当然の権利として被害者をいじめるようになります。一方で、被害者にも、あきらめ感が強くなり、「逆らってもむだ」「逆らえばもっとひどい目にあう」として坦々と自分の役割をこなすようになったりします。

いじめがエスカレートするのは、よく言われるように被害者の対応が悪いからではありません。放置すればエスカレートする危険性を常にはらんでいるのです。いじめは絶対に許されないこととして、初期の段階で毅然と止めるのは、大人たちの役割ではないでしょうか。

2＊深刻ないじめにどう対処するか

犯罪化するいじめ

いじめで、相手がなんでも言うことを聞くようになると金を持ってこさせます。自分で苦労して稼ぎ出した金ではないだけに、感覚はどんどん麻痺し、金額も大きくなります。

昔であれば小遣いの範囲内ですんでいたものが、今はひとりの子どもから数十万円、数百万円という額を同じ子ども同士が脅しとったりします。大勢に声をかけてばれるリスクを負うより、取りやすいところから徹底してとるのが今の恐喝です。本人の小遣いがなくなれば、家族や祖父母の財布、貯金を下ろさせてまで金を持ってこさせます。あるいは万引きをさせたり、盗みに入らせたり、売春をさせて金を巻き上げることもあります。

恐喝も、子ども部屋が個室のうえ、携帯電話やメールで金額指定や呼び出しがあるため、家族が察知することは困難です。一度、親の金に手を出したり万引きなどをして金を工面した子どもは、自分の犯した罪がばれるのが怖くて、さらに相談できなくなります。

家のなかの金や物の変化に気をつけてください。おかしいと感じたら、子どもや親の預金通帳をチェックしてください。

また、万引きで捕まったことでいじめが発覚することがあります。一見、加害者に見えても二重恐喝されていたり、命じられて仕方なくやっていることもあります。やったことの善悪をきちんと子どもに教えることは大切ですが、頭ごなしに叱らずに、子どもの話に耳を傾けてください。

恐怖心が強いと子どもは話せません。どうしても話そうとしないときには、親戚の家に避難させるなどしてから、話を聞いてください。

せっかく地元を離れても、携帯電話などに加害者らから指示が入り、心理的に支配されていることもあります。思い切って、携帯電話を解約することも、ときには必要です。学校卒業後も、味を占めた加害者が恐喝を続けていた例がいくつもあります。発覚を恐れて、集団リンチや殺人にまで発展することもあります。解決したと思ったあとも、十分に気をつけてください。

2000年3月に発覚した名古屋の5400万円恐喝事件では、元同級生らのグループは被害者の少年（15歳）が暴行による2度目の入院で、同室の患者に心を開き、被害の実態を打ち明けたことを知りました。3、4人で集まり「このままでは警察にばれる」「自殺に見せかけて殺すしかない」と話し合い、少年の携帯電話に何度も電話をかけ、遺書を書かせようと計画していましたが、電話がつながらずにいるうちに事件が発覚しました。

金を払ったからといっていじめがなくなることはありません。むしろ、一度払うと、とことん払い続けなければならなくなります。金額が大きくなれば、未成年でも殺人にまで至る確率が高くなります。

また、加害少年のうち2人は、2006年2月13日、愛知県名古屋市のパチンコ店駐車場で、売上金を運ぶ従業員が襲われた事件に関与したとして、逮捕されています。一度、楽に金を手に入れて遊ぶことを身につけてしまうと、更生は難しいようです。

そこまで行く前に大人たちが気づいて止めることができたら、心から反省する機会を与えていたら、被害者だけでなく、加害者の人生も違っていたのではないでしょうか。

犯罪行為に一般市民が立ち向かうことは困難です。恐喝や暴行の事実がわかったなら、最寄りの警察か、弁護士会などにすぐ相談してください。

多くの場合、一件の被害が表面化した陰には、何十件、何百件もの被害が隠れています。金額も、数千円から数万円単位ということはほとんどありません。中途半端な介入で終わらせず、徹底的に事実を解明して膿を出しきることが、再発防止につながります。

心に深い傷を残す性的虐待

思春期は、性的な関心が高い時期です。一方で、羞恥心も強い時期です。子どもたちは、相手に最も強いダメージを与えられる方法を考え出します

性的いじめも、今は、写真やビデオにとって脅し、金を巻き上げたり、口止めしたりします。

インターネットや携帯電話を使って相手を探し、売春を強要することもあります。男子から女子、女子から男子のこともありますが、女子と女子、男子と男子など同性間の性的いじめもあります。集団わいせつや暴行に発展することもあります。

男子に対する性的な虐待は、女子に比べて軽く見られがちですが、女子生徒の前でズボンや下着を脱がされたり、マスターベーションを強要された直後に命を絶っている男子生徒が何人もいます。

また、男子の場合、大人に訴えても、「昔からよく仲間うちでは遊びとしてやったもんだ」「男なんだから気にするな」「妊娠するわけじゃなし」「おまえも楽しんだんじゃないの」などといわれて、心の傷を理解してもらえないことも多くあります。

ひどいいじめほど親には言えません。特に性的いじめについては死んでも親には言えないという子どもは多くいます。遺書にさえその事実を書けず、亡くなったあと、加害者の口からはじめて語られることもあります。

そして、生きていても、深刻な心の傷を被害者に残します。同性同士でも人前で着替えができなくなったり、公衆トイレや公衆浴場に入れなくなることもあります。異性との関係に自信がもてなくなったり、対人恐怖症になることもあります。深い心の傷から、逆に性的なことに走ることで被害の再体験を繰り返す人もいます。精神が破壊されたり、自傷行為や自殺念慮を抱くこともあります。被害直後には感情が麻痺していて平静に見えても、徐々に影響が現れてくることもあります。半年から1年は特に気をつけてください。

事実が発覚したり、打ち明けられたとき、今まで言えなかったことを責めたり、被害者にも落ち度があったなどと言うことは絶対にしてはいけません。被害者には落ち度がないこと、言えなかったのは当然であることを伝えてください。

そして、この問題にどう対処していくのかは、本人の意思を尊重してください。加害者への怒りから、訴訟を起こすなど、本人の意思を無視して行動しないでください。傷を深くします。本人が望むのであれば、カウンセラーなどの専門家の支援を受けるようにしてください。ただし、自殺念慮が強い場合など、強制入院が必要なこともあります。

情報化するいじめ

子ども社会にも情報化の波が押し寄せ、いじめの質がさらに大きく変わりました。今では小学生でも自分のサイトやブログをもっていたり、携帯電話の使い方も、大人以上に詳しかったりします。

インターネット環境の整備や携帯電話の普及は、いじめの時間と空間を飛躍的に広げ、いじめにあうのは学校のなかに限定されなくなりました。そして、いじめの実態はますます外から見えにくくなり、解決が困難になっています。これは日本だけの特徴ではなく、海外でも同じ傾向にあります。

携帯電話を使ったいじめも今はいろいろあります。ひとりだけメールを着信拒否されたり、「うざい」「死ね」「殺す」などのメールが次々と送られてきたりします。「明日からクラス全員で○○を無視しよう」などと指示メールが回ることもあります。発信者は匿名だったり、誰かの名前が勝手に使われることもあり、被害者は親しい人間さえ信じられなくなり、人間不信に陥ります。

最近では、ほとんどの携帯電話にカメラ機能がついています。リンチ後に無理やりタバコを吸わせられて写真を撮られたり、着替え中や裸の写真を撮られて、配信されることもあります。知り合いに回覧されることもあれば、ネット上やチェーンメールなどで不特定多数に配信されることもあります。

2004年6月1日に長崎県佐世保市の大久保小学校で起きた、御手洗怜美（みたらい・さとみ）さん（小6・12歳）が同級生の女児（小6・11歳）にカッターナイフで首を切られ殺害された事件では、警察の調べに加害女児は、「ごく普通の仲のいい友達だった」が、ホームページに悪口を書かれたりしたことに腹を立て、殺意を抱いたと話しました。

今の子どもたちは希薄な人間関係のなかで、本音の話ができません。表面上の当たり障りのなさと本音とのギャップがストレスとして溜め込まれ、それを匿名性の高いネット上で吐き出したりします。

子どもたちの間では、「学校裏サイト」などと呼ばれているサイトが存在することもあります。同級生たちはこっそり情報交換して、サイトをのぞきに行きます。あるいは、学校名や自分の名前をネット検索したときに、自分の悪口が書いてあるのを発見したりします。サイトが、同級生同士の悪口を書きあう場所になることもあります。また、アラシ（第三者が勝手にサイトの内容を書き換えたり、書き込み欄に意味のないことや悪口を書き込むこと）にあったときも、知っている人間がやったのではないかと疑いを抱くようになります。

援助交際のサイトに、氏名や携帯番号などの個人情報を書き込まれたり、写真を公開され、見知らぬ人たちからたくさんの電話やメールが入ったり、援助交際をしているという身に覚えのない噂が広がり、登校できなくなることもあります。

サイトなどに通学路線や時間帯、写真などを掲載されることもあります。周囲の視線に不安や恐怖を感じ、相談機関などに被害を訴えても気のせいにされたり、精神障がいによる妄想や幻聴と決めつけられることもあります。

情報機器を使ったいじめは、なりすましが可能で犯人の特定が難しく、解決が困難です。また、匿名性の高いネットでは悪意が増殖されやすく、見知らぬ第三者が加担してくることもあります。自分の知らないところで、いじめが広がっていたり、削除しても、どこにその情報が残っているかわからないことは恐怖です。一方で、加害者にも被害の大きさは想像しにくく、軽いいたずら程度の認識しかないことが多いようです。

ただし、ネットや携帯電話を使ったいじめは、専門家が調べれば、ある程度、発信元が特定できることがあります。強力な証拠にもなります。あきらめずに最寄りの警察に相談してみてください。

ネットへの書き込みも、学校などを通じてサイト管理者やプロバイダーに抗議したり、警察や弁護士会が仲介することで、書き込みを削除させたり、発信元の情報を得られることもあります。データを保存したり、プリントアウトしておくことをお勧めします。

8条

いじめによる心の傷を甘くみない

1＊深い心の傷は後遺症となって残る

「傷つけられた体験」は人をもろくする

よく、「いじめは成長に必要だ」「人間を強くする」「社会に出てもいじめはあるのだから、そのくらい自分で乗り越えないと生きていけない」と言う人がいます。

しかし現実には、いじめで受けた深い心の傷は人間をもろくします。より傷つきやすい体質に変えてしまうのです。

いじめを受けると、うつ状態になりやすくなります。心が元気なときには笑って聞き流せるようなささいな言葉にも、深く傷つくことがあります。過剰反応から人間関係がうまくいかなくなることもあります。

「うつ病は心の風邪」というキャッチフレーズがありますが、実際には肺炎くらい大変なことです。苦しくて、命に関わることもあります。回復までに平均で半年。1年、2年かかることはめずらしくないと言われます。

うつ病の特徴として、今まで当たり前のようにできていたことができなくなったり、無気力になることがあります。「怠けている」「努力が足りない」と非難されたり、支えてくれるはずの家族や恋人、友人関係にまでひびが入ったり、社会適応ができなくなって、進学や就職、結婚などに差し障りが出ることもあります。

そして、うつ病は再発しやすい病気です。一度うつ病になると、50%が再発し、2回目になると80%が再々発、3回目になると90%と、確率が上がっていくと言われます。ささいなきっかけでフラッシュバックを起こしたり、うつが再発し、いじめ事件から何年もたってから自殺することもあります。

PTSD（心的外傷後ストレス障害）では、過去の出来事がフラッシュバックしたり、恐怖心から外出できなくなる、人に対して攻撃的になる、怒りの感情が抑えられなくなる、などの症状が出ることがあります。対人恐怖症になったり、不眠に悩まされることもあります。何年もずっとカウンセリングに通い続けなくてはならなかったり、精神安定剤や睡眠導入剤を飲み続けなければならないこともあります。ときには、自傷や他害を避けるために、入院を余儀なくされることもあります。

心の傷は目には見えませんが、周囲が思う以上に深かったり、肉体の傷以上になおるのに時間がかかることがあります。引きこもりやニートなどと呼ばれる現象の背景に、いじめによる心の傷が影響していることもあるのです。

被害者が加害者になるとき

自殺をするのは「弱い子ども」だと言われます。本当にそうでしょうか。

海外でも子どもの自殺はあります。しかし、アメリカの学校などで発生した重大な事件を見ると、いじめの被害者は、銃などで復讐したあと、自らも命を絶っています。

日本でも、いじめ報復事件はたくさんあります。いじめの被害者は、「このままでは殺されるかもしれない」という強い恐怖心を抱きます。自殺念慮とともに、「相手を殺したい」と思うほどの、強い怒りの感情も芽生えます（巻末の資料参照）。

自殺を美化するつもりはありませんが、自殺した子どもたちは、相手を殺すか、自分が死ぬかまで追いつめられたときに、人を傷つけることのできなかった子どもたちではないかと思います。

親に大切に育てられた子どもほど、他人の痛みを自分のことのように感じてしまいます。また、自分が他人を傷つけたときに、親はきっと許さないだろうと思うのではないでしょうか。

大人たちが、自殺する子どもたちの「優しさ」を見誤り、「弱い」と非難し続ければ、「優しさ」を捨てた子どもたちが人を傷つけたり、殺したりするようになるでしょう。

被害者が加害者になることがあります。加害者の立場になりかわることで、被害者であることから脱しようとするのかもしれません。あるいは、いじめによってもたらされた力の欠損を、誰かをいじめることで埋めようとするのかもしれません。

いじめへの恐怖心から、過剰反応としての攻撃性を身につけてしまうこともあります。ときには深い心の傷から、過去の出来事がフラッシュバックしたり、溜め込んできた怒りの感情が抑えきれなくなることもあります。

「自分もやられたのだから当然」と正当化することもありますが、いじめの被害者の気持ちも十分すぎるほどよくわかるので、相手を傷つけたことに傷ついたり、人を傷つける言葉を吐いたあと、いつまでも気にしていることもあります。なかには、被害者に苦しさを訴えられて、罪悪感から自殺してしまう場合もあります。

いじめ問題をきちんと解決し、被害者を適切に救済しないことが、加害者を増長させ、被害者を加害者にします。周囲で見ていた子どもたちにも「被害者になっても誰も守ってくれない。加害者になっても誰からも罰せられない。やはり加害者にならなければ損だ」と思わせて、限りなく加害者を増やしていくのです。

2＊人を信じる心が強くする

子どもの心を強くするものがあるとしたら、それは暴力を受けた体験ではなく、自分が追いつめられたときに、誰かがそれをわかってくれた、気持ちに寄り添ってくれた、あるいは一緒になって闘ってくれた、助けてくれたという体験から生まれる、人を信じることのできる気持ちではないでしょうか。

私の講演会で、お母さんと一緒に来ていた小学校4、5年生くらいの女の子が、大人ばかりの会場のなかで、手をあげて発言してくれました。
「私が幼稚園でいじめられて落ち込んでいたときに、お母さんが気がついてくれて、『どうしたの？』と言ってくれました。だから、私はお母さんにいじめのことを話すことができました。お母さんは私の気持ちをわかってくれて、一緒に考えてくれました。だから、それからも、何かあるとお母さんに相談することができました。私は、自分がお母さんにしてもらったみたいに、もし誰かがいじめられていたら、話を聞いて、その人の味方になってあげたいと思います」

大きな声ではっきりと言ってくれました。会場から拍手が沸きあがりました。

いじめの体験ではなく、自分がつらいときにきっと助けてくれる人がいると信じる気持ちが、彼女を強くしたのだと思います。


いじめは、よく言われるように、学校のなかだけの出来事でも、子どもの世界だけの出来事でもありません。社会に出てからも、いじめはあります。

しかし、そのときに、たとえ目の前で手を差し伸べてくれる人がいなかったとしても、心の中で自分を支えてくれる人、理解してくれる人がいれば、生きていけるのではないでしょうか。

それは、親でも、学校の先生でも、友人でも、習い事の先生でもいいのです。どんなときにも「ひとりぼっちじゃない」と思える、信頼できる人間関係を築いていくことが、将来にわたってその人の生きる力を支えるのだと思います。

9条

「やられたらやり返せ」と言わない

1＊「やられたらやり返せ」が加害者をつくる

よく、「やられたらやり返せ」と大人たちは子どもに教えます。弱いからいじめられるのだと、いじめられている側を非難します。

しかし、実際には、大人たちが思う以上に多くの子どもたちはやり返しています。その結果、二度と逆らう気がしないくらい、もっとひどくやられているのです。あるいは、加害者が大勢のときには静観していた大人たちが、やり返した側がひとり、もしくは少数のときには、今までの態度を急に変えて、加害者として責めたてるということもあります。

また、追いつめられた被害者が自殺したあとも、大人たちは「やり返していたのだから一方的ないじめには当たらない」「友人間のトラブル」「けんかだ」と言うこともあります。

多くのいじめで、加害者は被害者よりも腕力が強かったり、多人数だったりします。被害者が中途半端にやり返せば、もっとひどい目にあいます。ひとり、もしくは少数の被害者が、自分よりずっと強い相手、もしくは大勢を相手にやり返すとしたら、どんな方法があるでしょう。

誰がやったかわからないように、毒を入れたり、爆弾を仕掛ける。あるいは、金属バットなどの武器を使って、寝ていたり、ゲームをしているときなど、相手が油断しているときに襲う。そのようなことが考えられるでしょうか。

その場合、二度と報復されないように徹底的にやります。次は殺されるかもしれないという強い恐怖心にかられ、相手の息の根を止めるまでやります。殺すか、殺されるかにまで、発展してしまうのです。

いじめの報復事件で相手に大けがをさせたり、殺害してしまった子どもたちは、犯行直後は罪悪感よりむしろ、これでいじめから逃れられる、殺される恐怖から解放されると、ほっとします。「やられたら、やり返せばすむことだ」の言葉が、子どもを犯罪者にしてしまうことがあるのです。

ある父親は言いました。

「息子が小さいときから、『人に負けるな』『やられたらやり返せ』と言ってきた結果、息子は自分を集団暴行した相手を一人ひとり襲って、そのうちのひとりに大けがを負わせてしまいました。結果、保護観察処分になりましたが、私はもう少しで子どもを殺人者にしてしまうところでした」

2＊暴力以外のコミュニケーションを学ばせる

暴力は連鎖する

いじめている子どもを指導すると言って、親や教師が暴力を振るうことがあります。殴られた子どもは反省するでしょうか。

むしろ、「暴力を振るうことは、もっとも手っ取り早く相手を服従させる方法」だという学習を強めるのではないでしょうか。自分は悪かったから殴られたのではなく、大人より弱かったから殴られたのだと、ますます力に固執するようになります。やがて強い大人にも対抗できるようにと、集団で、武器などを使って暴力を振るうようになります。連帯感はないのに、身を守るためと強さを示すためだけに、群れて犯罪行為を繰り返すようになります。

いじめている子どものなかには、親に暴力を受けて育ち、暴力以外のコミュニケーションの方法を知らない子どももいます。小さいときから、親がちょっとでも気に入らないことがあるとすぐ手が出るという家庭に育てば、自分自身も気に入らないことがあれば相手を殴ってもよいと思うでしょう。まして、父親に殴られている自分を母親がかばうこともなく、「あんたが悪いから殴られるんだ」「お前のためだ」と言うようなら、あるいは父親と一緒になって子どもを殴るようであれば、子どもは暴力を正当化するようになるでしょう。殴られた人間の痛みに寄り添うようにはなりません。

人と人とのコミュニケーションには言葉が有効であるということを、大人たちが身をもって教えていかなければなりません。それはとても根気のいることです。しかし、子どもには学習能力があります。よいことも、悪いことも、身につけていきます。

暴力でしか問題解決をしてこなかった子どもは、大人になっても、それ以外の問題解決方法を知りません。家庭内暴力やドメスティックバイオレンス、児童虐待など、他人を傷つけ、結果、自分の人生をも傷つけてしまうでしょう。最初に、暴力以外のコミュニケーションの方法をしっかりと学ばせるのは大人の責任だと思います。

「ゼロトレランス」の危険性

アメリカの学校で導入されているというゼロトレランス（許容ゼロ）という考え方が、注目を浴びています。細かくルールを決めて、理由の如何に関わらず処分するというものです。処分の厳正化と言われますが、厳罰化になることは明らかです。それらは、本当に子どもたちを守ることになるのでしょうか。

多くの子どもたちは加害者であると同時に被害者でもあります。自分が被害を受けたときには何もしてくれなかった大人たちに、加害者になった途端、切り捨てられたのでは、納得がいきません。理不尽さに怒りと攻撃心が増幅され、そこに反省は生まれません。

そして、今のいじめでは、クラスの全員が加害者ということもあります。学年にまで広がっていることもあります。全員を処罰するということは本当に可能でしょうか。被害者は本当にそれを望むのでしょうか。

近年、子どもたちへの大人の許容範囲が狭くなっていると感じます。無関心か、厳罰か、極端すぎる気がします。その間に、もっと大人が努力すべき余地があるのではないでしょうか。

よく「子どもの人権を大切にしすぎて甘やかすから、子どもたちが増長し、犯罪を犯したり、暴力を振るったりする」という人たちがいます。しかし、日本の子どもたちの人権は本当に大切にされてきたでしょうか。むしろ、大人たちの様々な要望に合わせて、子どもらしく育つことも、人間らしさも奪われてきたのではないでしょうか。そのなかで、子どもたちが「苦しいよ」「もう耐えられない」と発した信号が、大人には問題行動として捉えられ、厳しく押さえ込まれた結果、行き場を失ったマイナスのエネルギーがいじめという形になって表れたのではないかと私は思います。

厳罰化は、子どものマイナス感情の出口をふさぐ行為です。一時は効果があるかもしれません。しかし、長続きしないどころかさらに問題を複雑化させたり悪化させる恐れがあると思います。

子どもが暴力を振るうのは、それ以外のコミュニケーションの方法やストレス解消の方法を知らないからです。大人からの一方的な罰は、子どもにとっては暴力に等しいものです。子どもたちに、人と人との間には支配と被支配の関係しかないのだと思わせます。話しても無駄だと思わせます。

ゼロトレランスを実践しているアメリカが治安のよい国かどうか考えてください。不満をもった生徒が、銃を使って何をしたか考えてください。それは銃所持だけの問題でしょうか。また、自殺についても、アメリカでは毎年２０００人以上のティーンエイジャーが自殺するという統計があります。しかし、それ以上に、思春期の子どもが死ぬ原因で、第1位の交通事故死に次ぐ第2位は殺人です。殺人は、究極のコミュニケーション否定です。

ある人が、「ヨーロッパで昼間、子どもたちが悪さをして仕方がないので、大人たちが話し合って、子どもたちを収容するために学校をつくった」と、学校は犯罪抑止を理由につくられたのだと話してくれました。

発展途上国の学校を見ると、その役割がよくわかります。学校は子どもたちにとって、同じ年代の友だちと会える楽しい場所です。大人たちから搾取されたり、理由もなく暴力を振るわれることのない安心できる場所です。教師は、親以外で無条件で信じられる大人です。学校で得られる知識や資格は、子どもの未来の可能性を広げてくれます。それが、学校の本来、あるべき姿だと思います。

今は、知識や資格だけなら、学校に行かなくとも本や雑誌、テレビやインターネット、通信講座などで得られます。しかし、地域社会の崩壊が進むなか、人と人の関係を学べるのは学校だけです。その学校が、子どもたちの教育を放棄したらどうなるでしょう。切り捨てられた子どもたちは、家庭で受け入れられず、地域にも、企業社会にも受け皿はありません。大人が誰も責任を持たず、フォローしないなかで荒れるだけです。優し気な顔をして近づいて、取り込むのは、反社会的な組織だけです。問題を抱える子どもたちを切り捨てることは、限りなく犯罪者を生み出すことなのです。

いま一度、大人にとって子どもの存在とは何か、子どもにとって大人の役割とは何かを問い直し、学校の意味と役割を見直すべきときではないでしょうか。

10条

子どもを加害者にしない

1＊いじめは子どもの心のSOS

子どもが加害者になるとき

「わが子をいじめから守る」ことの意味には、とても重要なこととして、わが子をいじめの加害者にしないことが含まれています。

多くの親は、自分の子どもがいじめの被害者になることを心配します。しかし、現実には多くの子どもたちが、いじめたり、いじめられたりを繰り返しています。そして、いじめられる人間よりも、いじめる人間のほうが圧倒的に多いのです。いじめの加害者になる確率のほうが高いのです。

なかには、自分の子どもがいじめていることを絶対に認めようとしない親もいます。また、いじめたことを知っても、教師にまかせっきりで、親は一切指導をしないこともあります（巻末の資料参照）。「うちの子はいじめるほうだから安心」「いじめをするぐらい元気なほうがよい」などと言う親さえいます。

多くの場合、親が反省しなければ、子どもも反省できません。親がいじめから目をそむけ続ければ、問題はさらに深刻になります。子どもはすぐに大人になり、取り返しのつかないことになります。できるだけ早いうちに禍根を徹底して断つことが、子どもの幸せにつながります。

いじめている子どもの気持ち

いじめは子どもの心のＳＯＳです。「困った子」は、実は「困っている子」なのです。いじめている子どもの抱える真の問題に気づいてください。

児童虐待や離婚が増えています。厚生労働省によると、２０００年度に全国の児童相談所が受けつけた児童虐待件数は、前年度の約１・６倍にあたる１万８８０４件で過去最多を更新しました。統計をとりはじめた１９９０年度は１１０１件で、10年間で約17倍に急増しています。

幼稚園や小学生など低年齢で、相手を階段から突き落としたり、棒や石でたたいたり、頭を壁にぶつけるなど、大けがを負わせるようなひどいいじめを平気で行うような場合、「愛着障がい」の可能性があるのではないかと私はみています。

「（反応性）愛着障がい」とは、５歳未満に母と子の間に「愛着の絆」が形成されなかったことによる人間関係の障がいです。

愛着障がいの原因はいろいろありますが、胎児期に母親が飲酒や喫煙、麻薬などの薬物を飲用すると、胎児の脳に影響を与えることがあります。また、出生後に、乳児自体の入院や母親の病気、無神経な多数の世話人による養育やネグレクト、虐待があると、愛着障がいになると言われています。

愛着障がいになると、「自分のイライラや不満を抑える自制能力」が奪われます。また、「人間関係が築けない」ことから、様々な問題が起きます。

虐待を受けると、「愛着障がい」にまでは至らなくとも、人間関係に様々なトラブルを抱えるようになります。他人の気持ちに無関心で、否定的になったり、親密な関係を結べません。他人を支配したり、コントロールしようとします。怒りの感情をぶつけようとします。

しかし、どうか「愛着障がい」が疑われる子どもを排除しないでください。そして、親を責めないでください。親自身も苦しんでいたり、どうにもならないことが多いのです。責めるだけでは、問題は解決しません。

「愛着障がい」は、愛着の絆を結びなおすことで、治療が可能です。早ければ早いほど効果があると言われています。他の子ども以上に、適切なサポートが必要です。ときには、専門家のアドバイスを受けることも必要だと思います。支えることで、問題解決の道を探したいと思います。

離婚も増えています。離婚が悪いとは思いませんが、多くの子どもたちが、親が離婚に至る過程で傷ついています。どの子どもも、親には仲良くしてほしいと願っています。また、自分のことだけで精一杯の親は、傷ついている子どもの心に気づきにくくなります。

相手をいじめずにはいられない子どもたちのなかには、虐待を受けていたり、親の離婚、再婚などで傷ついている子どもがたくさんいます。親に注目されない子どもが、誰かに自分の存在を認めてもらいたくて、いじめをすることがあります。あるいは、親や学校の先生に過度の期待をかけられた子どもも、苦しさをいじめによって発散します。

幼稚園の「ままごと遊び」で、今の子どもたちがなりたい役は、母親ではなく、赤ん坊やペットだそうです。親に無条件で愛されたい、かわいがられたいという欲求の現われではないでしょうか。

北村年子さんが書かれた、『大阪道頓堀川「ホームレス」襲撃事件――〝弱者いじめ〟の連鎖を断つ』（1997年・太郎次郎社）の中で、いじめる子どもの心理が書かれています。

「ぼくがいじめたときは、いつも自分がつらいときでした。いじめることによって、自分のつらい精神状態が少しいい状態になるような気がしました（後略）」
（中略）
「ぼくはいまもすごく、人をいじめたいなあって思うんですけど……。ぼくはいま、けっこう生きているのがつらいんで、もしだれかをいじめて、その人を不幸に落としいれることができたら、自分がましに見えるんですよね。仲間というか、自分と同じ立場にいる人がいると自分がましに見えるから、だからいじめたいという気持ちがあるし。それに、自分に価値があるってあまり思えないから、人を……、他人を、否定したいんですよ。他人を否定すれば、ほんとに自分がましに見えるから、人をいじめたいと思います」

ある大学のゼミで、過去のいじめについて学生にアンケートをとったところ、ある学生は「それまで誰かと共同して何かをしたことがなかった。いじめではじめて仲間と連携してひとつのことをする経験をした。楽しくて夢中になった。そのときには、いじめられている人間の気持ちにまで考えが及ばなかった」という内容を書いていたそうです。

子どもたちから人間関係を大人たちが奪ってしまった結果、いじめや犯罪という歪んだ形の連帯感しかもてないようにしてしまったのではないでしょうか。

また、ある専門学校生は言いました。

「僕は勉強ができなかったから、学校でも、家でも、居場所がなかった。いじめているときだけみんなが注目してくれて、自分がここにいてもいいんだと思えた」

子どもの問題はすべて大人の問題から派生しています。子どもを責める前に大人たちが自分たちの生き方を反省すべきではないでしょうか。

いじめている子どもの自殺念慮

子どもの自殺念慮は、大人たちが思っているより、低年齢からあります。だいたい日本では10歳（小学校4年生）頃から自殺が起きはじめると言われていますが、それ以下の報告例もあります。一方、アメリカでは5歳児の自殺も報告されています。死の意味が理解できなかったり、死んでも生き返ると信じている子どももいます。衝動的に自殺してしまうこともあります。

子どもの自殺念慮について調査した小宮山要氏は、著書『間違いだらけのいじめ指導』（1996年・明治図書）のなかで以下のように述べています。

「死にたいと思うことがよくある」と答えた小学生（4年生以上）は男子では20・5%、女子では30・7%と驚くほど高い値である。この値については、小学生の死について の意味内容や現実度等からも検討する必要がある。しかし、小学生であっても「死にたいと思うことがよくある」という者がかなりいるということは認識しておかなくてはならない。

中学生（全学年）の場合には、男子で7・7%、女子では17・3%の者が「死にたいと思うことがよくある」と答えている。この調査では何が原因で死にたいと思うかは不明であるが、いじめによる自殺予備軍とみて適切な指導が必要である。

自殺念慮をいじめとの関係で見ると、「死にたいと思うことがよくある」と答えている者は、現在いじめている子であっても、小学生（4年生以上）の場合、男子は4・7%、女子は9・9%であるのに、中学生では男子は11・4%、女子は19・2%と多い。このようにいじめている子であっても、自殺念慮をもっている者は少なからずいることは、ほとんど知られていない。

次にいじめられている子どもたちについて見ると、「死にたいと思うことがよくある」と答えている者は、小学生（4年生以上）の男子では3・0%、女子では6・1%といじめている子の値より低くなっている。ところが中学生では男子が14・6%、女子が21・6%と高い値である。この値はいじめている子よりも僅かに高いだけである。

重大事件を起こした少年の分析でも、重大事件を犯す前に実際に自殺を試みたり、自殺を考えたり、周囲に自殺を相談したりしていた少年が、10例中7例もあるなど、高い自殺念慮を抱いていたことがわかっています。海外でも同様の調査結果があります。

親が反省しないと子どもも反省できない

いじめ被害者の自殺の後、加害者やその親たちはどのように反省し、償いをしたのでしょうか。

多くの人たちは、「加害者も結果の重大性に深く反省しているのに違いない。追い討ちをかけるのはかわいそう」と思うのではないでしょうか。なかには、「集団で後追い自殺でもしたら」と心配する教師や被害者の親もいます。

しかし現実には、自殺事件後も一切謝罪がなかったり、謝罪に来ても言い訳ばかりをすることがあります。子ども本人は連れてこなかったり、金だけを置いて帰る親もいます。「自分たちには関係ない」「いじめていたのはうちの子だけじゃない」「あれくらいのことで死なれて迷惑だ」「こっちだって被害者なんだ」「証拠があるなら出してみろ」「名誉毀損で訴える」「裁判で認められたら対応する」などと開き直ることさえあります。

こんな親だからこそ、子どもたちが相手の気持ちを思いやることができずに、いじめで相手を死に追いつめてしまうのだと思います。

もともと、いじめることでしか鬱屈した気持ちを解消することができなかった子どもが、さらに大きなストレスを抱えて、周囲のサポートなしに立ちなおることは困難です。

最初のうちは「傷つけてしまった」「とんでもないことをしてしまった」「自分たちが悪かった」と泣いて反省していた子どもたちが、一週間から10日もすると、「あれはいじめではなかった」「勝手に死なれた」「弱いのがいけない」「死なれて迷惑している」と言いはじめ、被害者や遺族を逆恨みするようになります。

事件後も、別の子をいじめのターゲットにして、「お前も死んでみろ」と追いつめる子どももいます。「自分だけがやっていたわけではない」と言って恐喝を続ける少年もいます。少年院に入ってさえ、出所後に昔の仲間と犯罪を繰り返す子どももいます。

一方で、親が自分の子どものしたことを自分の責任と感じ、一緒に謝罪した場合、子どもも心から反省し、その気持ちを表します。あるいは教師や民間団体、弁護士など誰か親身になって親子をサポートしてくれる人がいると、立ちなおるきっかけになるようです。

ときとして、わが子が加害者だと知った親が自殺することがありますが、子どもは親に見捨てられたと感じるのではないでしょうか。子どもだけではどうにも対処できない重大な危機にこそ、親や周囲の大人たちは逃げずに、子どもたちを精神的に支えながら、謝罪の仕方、責任の取り方、生き直す方法を一緒に考えてほしいと思います。

残念ながら、大人社会が、不祥事が起きたときに子どもたちの手本となるような責任の取り方をしていないのが現実です。

加害者を放置すれば問題はより深刻になる

いじめの被害者はとても大きな痛手を受けます。では、いじめた子どもは、その後の人生を幸せに生きられるでしょうか。

日本では、プライバシーなどの問題や学校の隠ぺい体質のなかで、誰が加害者であるかはっきりしないことも多くあります。いじめの加害者の調査・研究はあまり多くありません。まして、相手が自殺した、殺害されたなどの重大事件に関しては、なおさら情報が明らかにされず、追跡調査もなされていません。私は、この問題は、これからの日本の大きな課題だと思っています。


ノルウェーでは1982年に10歳から14歳の少年3人が同級生からのいじめで自殺し、いじめ問題が大きくクローズアップされました。

ベルゲン大学の心理学者ダン・オルペウス教授（54）が、小学校6年生から中学3

年生までの間にいじめっ子だった80人について、24歳になるまで追跡調査を行った結果、60％が法廷で有罪判決を受ける犯罪を犯していたことがわかりました。

オルペウス教授は、「いじめっ子への指導は早めに断固たる態度で行うべきだ」と強調しています。

アメリカでも、教育機関がいじめっ子１００人を追跡調査した結果、成人後も社会順応できない割合が高いことがわかったそうです。

（１９９７年７月15日、東京で開催された第９回国際行動発達学会で発表）

出典：１９９６年７月15日　東京新聞・夕刊

日本でも、１９９７年５月に神戸で起きた児童連続殺傷事件の犯人の少年Ａはいじめっ子だったそうです。小学校６年生の頃、同級生３人を使い走りにしたり、万引きを命じていたりしました。殺された土師淳くんをエアガンの標的にしたり、暴力を振るってけがをさせていたそうです。また、中学校に入る頃から猫などの小動物を残酷に殺したり、リバイバルナイフをちらつかせるなどの行為が目立つようになりました。

一連の事件の前には、猫殺しを言いふらされたとして、腕時計を手の甲にまきつけて同級生を激しく殴り、歯を折る大けがをさせています。この同級生は怖くてとてもいられないということで、転校しました。少年は同級生間でも、「怒ると逆上して何をするかわからない」と恐れられていたそうです。

そして、その少年Aは、母親から虐待といっていいほどの体罰をともなった厳しいしつけを受けていました。

また、池田小学校児童殺傷事件の犯人の宅間守も、強いものに従い、弱いものをいじめる、いじめっ子だったそうです。

もし、大人たちがいじめに気づき、適切な対応をしていたら、加害者の根本にある問題に気づけたかもしれません。多くの犠牲者を出さずにすんだかもしれません。加害者の人生も、違ったものになっていたかもしれません。

2＊わが子のクラスにいじめがあるとき

加害者から話を聞くときのポイント

言いたくない相手から、暴力も権力も使わずに話を聞き出すのは、とても忍耐と根気がいることです。でも、それができたら、問題解決への大きな一歩を踏み出したことになるでしょう。

一方で、中途半端な介入は被害者をさらに危険にさらす結果となります。被害者だけでなく、加害者からも目を離さないこと。そのためには、家庭や、学校の教師同士の連携が大切になります。

◎時機を逃さない

事件直後は、しまったという気持ち、反省の気持ちから本当のことを話してくれる加害者も、時間がたつにつれて、保身のほうが強くなる。事件直後に、反省をうながす場所（被害者や被害者の遺影、遺族の前など）で、話が聞けると一番よい。当然のことながら、子どもたちの心理状態にも充分に配慮して。

◎聞くことに専念する

話を途中でさえぎらない。話している最中に、行為を責められたりすると、本当のことが話しづらくなる。関係ないと思えるようなことも、話をさえぎらずに充分に聞く（聞く側との信頼関係ができる。また、一見関係ないような事柄のなかに、実は真の原因があったりする）。矛盾している点、疑問点はメモをしておいて、最後にまとめて聞く。加害者に対して言いたいことも、最後にまとめて言う。

◎証言は変わる

一旦は反省して、本当のことを言っていても、前言を翻すことがある（言った、言わないの争いになることが少なくない）。そのために、あらかじめ録音する、内容を筆記する、筆記した内容に間違いのないことをサインしてもらう、しかるべき証人をたてるなどをしておく。ただし、それを前面に押し出すと、相手の警戒を深め、かえって口が重たくなることも。

◎個別に話を聞く

他人の言ったことに惑わされたり、口裏をあわせたりできないように、できるだけ個別に話を聞く。ひとりではいやだという場合、事件とは関係のない第三者に立ち会ってもらうか、家族や教師に立ち会ってもらう。その場合、話の途中で口を挟まないよう事前に約束してもらえるとなおよい。

いじめへの関与が低い子どものほうが話しやすい。先に情報を得て、言い逃れをできないようにしておくのも方法。ただし、話してくれた子どもの安全を必ず確保し、安易に個人情報を流さない。

◎矛盾点をつく

保身や物忘れから、必ずしも最初から本当のことは出てこない。他の証言や証拠とつき合わせて、矛盾点をついていく。

時間や場所、金額などはあいまいにせずに、できるだけ具体的に聞く。自分に都合のよいことだけを話していないか、慎重に聞く。

◎何度も話を聞く

事情が許せば何度でも話を聞く（繰り返しているうちに、出てこなかった事実を思い出すことや、あいまいなことがはっきりすることもある）。ただし、最初から何度でも聞けると思っていると、拒否にあったりして聞けなくなることもあるので、1回、1回の機会を大切にする。

◎話を整理して聞く

一度聞いた話を整理して、確認しながら聞く。そのためにメモは欠かせない（いつ、どこで、誰が、何を、どのように、どうした〈5W1H〉のか）。

また、時系列で表をつくってみるとわかりやすい。

◎話してくれたことに対して感謝する

相手の罪は罪として、正直に話してくれたことに対しては感謝したい。自分の罪を正直に話すということは、とても勇気がいること。相手に、「言うんじゃなかった」と思わせず、「話してよかった」と思わせることができれば、加害者・被害者双方の利益につながるはず。

※よくない聞き方

最初からガンガン責めたてる／「あなたたちは悪くはないのよね」などと擁護するようなことを言う／話の途中で「そうじゃないでしょ」と口を挟む／「こうしたんじゃないか」などと憶測したり、話の内容を誘導する／数人から一度に話を聞き、リーダー格や弁のたつものに代表でしゃべらせる／当人たちが話した内容を何の裏づけもなく鵜呑みにする／メモもとらずに聞きっぱなしにする。

大人たちがすべきこと

自分の子どもがいじめられていなくても、クラスにひとついじめ事件が表面化したときには、ほとんどがそれだけということはありません。同じグループが何人もターゲットにしていたり、クラス全体にいじめが蔓延していたりします。関係ないと思っていると、自分の子どもが加害者になったり、被害者になったりします。

誰かがいじめられていると聞いたときには、その保護者に情報提供してあげてください。必要があれば一緒に学校に行くなど、いじめの被害者と協力していじめをなくすよう動いてください。

そんな親の姿を見て子どもは、他人の子どものことでさえこんなに真剣に動いてくれるのだから、自分のことであればもっと真剣に守ってくれるに違いないと信頼を高めます。そして、自分がいじめる側にまわることは許さないだろうと思います。このことは、やがてあなたの子どもが被害者・加害者になるのを防ぐでしょう。子どもとの信頼関係づくりにもつながります。

第三者であるときにこそ、学校の問題、教師の問題、クラスの問題に気づき、防御策を考えるチャンスです。いじめは、いじめられている子どもの親だけでは解決できないとても難しい問題です。学校の先生方の協力が必要です。他の保護者たちの協力が必要です。そして、何より子どもたちの協力が必要です。

人と人の関係をていねいにつくっていくことが、遠まわりなようで、実は一番近いいじめ対策ではないかと私は思います。

いじめ対策の心得

私の講演を聞いたある男子中学生の感想文（抜粋）です。

「昔ぼくは、自分ですすんで、友だちのいじめに参加したことがあります。実際、いじめとは自分で気づかないものです。ぼくは先生にも親にも叱られようやく、からかっていただけだと思っていたけれど、自分はいじめていたんだと気づきました。いじめた子は学校に行くのがいやになってしまったという伝言がその子から先生にあったので、みんなでその子にあやまりに行きました。それからは、いじめられた側を想像してみるとかわいそうになってきたので、いじめはもうやらないと決めました。

しかし今回、またいじめがぼくを誘いました。すぐ、いじめとわかった。でも、やめられなかった。やめたら友だちが今度はぼくをいじめると思ったから。結局、先生にまた叱られた。反省文も書かされた。

やはり、いじめをやめるには勇気が必要だと思った。勇気があればやめられたかもしれない」

この男子生徒は、先生や親に言われてはじめて、自分がしていることはいじめだと気づくことができました。そして、相手の気持ちを考えることができるようになりました。

しかし、それだけではいじめはやめられないと言っています。本人の勇気が必要です。

そして、その勇気をほんの少し後押しするきっかけがあれば、いじめはやめられると言っています。

最後には、「ジェントルハートプロジェクトの講演を聞いて、もう絶対にいじめはしないと思った」と書いてくれました。

いじめ防止には、いじめに気づく大人の存在と、いじめをしない環境づくりが大切です。

最後に、私がまとめた、「いじめ対策10の心得」を紹介します。

・いじめは被害者の心と身体を深く傷つけ、ときには命さえ奪う、重大な人権侵害である。
・対策はスピードを要する。いじめの芽はできるだけ小さいうちに摘む。
・常に最悪の事態に備える。被害者や告発者の安全を第一に考える。
・表面に見えているのはごく一部であることが多い。
・いじめは被害者の身になって考える。

・いじめ対策の基本は加害者対策。
・いじめは力では解決しない。子どもとの信頼関係を大切にする。
・いじめは大人が知ってからのほうがむしろ危ない。
・解決したからといって気を抜かない。いじめは再発しやすい。
・いじめは教師、生徒、保護者、地域の複数の目、連携で解決させる。

第3部

事件を教訓に

生かされない教訓

いじめ事件はなぜ繰り返されるのでしょうか。私は、子どもたちの死が教訓として生かされていないことが大きな原因だと思います。

今まで行われてきたいじめ対策に最も欠けているものは当事者性だと思います。教師と生徒と保護者が遺族とともに、何があったか情報を共有し、どこが間違っていたのかを検証し、その反省を再発防止に生かすべきだと思います。専門家が別の場所で話し合って結論だけをもってきても、現場に問題解決の力は育ちません。当事者たちを主体に、周囲はサポートに徹するべきだと私は思います。

親には知る権利がない!?

親は学校を安全なところと信じて子どもを預けています。何かあれば教師が必ず連絡してくれるはずだと思っています。しかし現実には、学校・教師は知っていても、親だけには知らされていないことが多くあります。いじめられていると本人から相談があった、保健室に年中行っている、けがをした、体調が悪かった、友だちに「死にたいと言った」、言動がおかしかった、連絡なく学校を休んだ、自殺未遂をしたなど、子どもの命に関わる重要な出来事さえ、親に報告されていなかったりするのです。
そして事件後も、「知らせなかった」ことが問題視されることはほとんどありません。
親が真実を知ることができない理由は主に3つあります。

・学校が知っていることを教えない。
・学校がうそをついている。
・学校が調査をしない。

わが子が大きなけがをしたり、死んでしまったとき、せめて何があったか知りたいと思うのは、親として当然の感情ではないでしょうか。

たとえ、学校・教師・教育委員会が、何があったかを知っていたとしても、そのことを親に報告する義務はありません。学校が調査のために子どもたちに書かせた作文の内容は、プライバシーを楯に被害者の親が読むことを拒否されてしまいます。学校側が証拠の品を勝手に処分しても、嘘の報告をしても、それを理由に教師が処分されることはほとんどありません。法律的に、学校には親への報告義務がなく、親には知る権利がないからです。

1988年12月21日、富山県富山市で岩脇寛子さん（中1・13歳）が自殺しました。「ねえ、この気持ちわかる？　組中からさけられてさ、悪口いわれてさ、あなただったら生きて行ける？　私、もう、その自信ない」「私はあなたたちをゆるさない。1年3組Aさん、Bさん、Cさん、Dさん、Eさん、Fさん、もう、だれも、いじめないで……」などと書いた遺書を残していました。

後に両親が「事故報告書」を個人情報保護条例で申請し、寛子さんが生前、何度も男性担任に証拠の品を持って、いじめを訴えていたことが判明しました。担任はこのことを寛子さんの保護者に連絡せず、自殺後も語られることはありませんでした。

寛子さんが自殺した翌日、学校側はクラスメイトに追悼文を書かせました。両親は「岩脇さんへの別れの手紙」として書かれた「作文」を見せてほしいと何度も頼みましたが、「（いじめた）子どもたちにも将来があり、今お見せすると影響がありますので」と校長に断られました。一方で、学校側はその一部を新聞社に公開し、写真撮影をさせています。

1994年5月、7回忌に「作文」を仏前に供えたいと思った両親が、公文書公開条例に基づいて請求した結果、事件の約3カ月後に担任が焼却処分しており、「不存在」と回答されました。

民事裁判の一審、二審とも、「市の安全保持義務、調査・報告義務違反があったとは言えない」として、原告（岩脇さん側）の訴えを棄却しました。最高裁でも棄却され、原告の敗訴が確定しました。

調査は何のために行われるのでしょうか。

最初から遺族に開示することを前提に、子どもたちに作文を書かせたとしても、事件直後であれば、子どもたちは協力してくれるでしょう。

子どもが死亡するという最も重大な出来事が起きてなお、事実関係が明らかにならなければ、本来、遺族が受けられるはずの謝罪や補償さえ受けることができません。親は、何があったかを知ることなしには、子どもの死を受け入れることはできません。また、原因もわからずに、まともな再発防止策がとれるはずがありません。

置き去りにされた子どもたち

子どもが亡くなるなどの重大な事件の後、大人たちはよく「調査をすることは、子どもたちの気持ちを傷つけることになるので、できない」と言います。

しかし、相手が死んでさえ真実が明らかにされず、責任を追及されなければ、子どもたちに反省は生まれず、大人社会をなめてしまいます。同じことを繰り返します。大人たちが事件にふたをすることで、加害者の反省の機会を奪っているのです。

ときには、憶測が飛びかうなか、別の子どもが犯人扱いされることもあります。何があったか話した子どもが、非難を受けることもあります。

子どもたちが口をつぐんでしまうのは、責任を問われることを恐れた学校・教師の「隠したい」という思いに敏感に反応するからです。

渦中にいた子どもたちは、話すことを封じられて、つらい思いをします。友人の死を悲しむことさえ禁止され、忘れることを強要されるとき、子どもたちは命の大切さをどう受け止めるでしょう。事件にふたをする大人たちを見て、子どもたちは、「この世に正義はない」「いじめられるより、いじめる側にならなければ損だ」と思うのではないでしょうか。

失われた命の悲しみをみんなで共有し、自分たちの見たこと、聞いたこと、やったこと、そのときの感情を出し合い、何がいけなかったのかをみんなで反省することこそが、再発防止につながる、真の「心の教育」「命の教育」ではないでしょうか。

親も、教師も、生徒も、その反省のもとに立ち、二度と同じことを繰り返さないこと、そこから得た情報と教訓を他の人たちにも伝えていくことが、失われた命が唯一、生かされる方法ではないでしょうか。遺族の思いとも、決して対立するものではないと思います。

おわりに　～「優しさ」の種をまく～

暴力を許さない社会を大人たちがつくることが、他人の子どもへの暴力だけでなく、自分の子どもへの暴力も防ぐのだと思います。

１９９８年７月25日、いじめを苦に自殺した小森香澄さん（高１・15歳）は、亡くなる４日前にお母さんに、「優しい心が一番大切だよ。それをもっていないあの子たちのほうがかわいそうなんだ」という言葉を残していました。私たちは、香澄さんの残してくれた「優しい心＝ジェントルハート」を広めることで、いじめをなくしていきたいと願い、会の名前を「ジェントルハートプロジェクト」にしました。暴力が暴力を生むのとは逆に、優しい心が優しい心を生み育てるのだと信じています。

２００６年10月11日、自殺した福岡県筑前町の森啓祐くん（中２・13歳）も、小学校の卒業文集のなかで、「僕は優しくすることをいろんな人に教えてもらいました。優しくすることを僕が下の人たちにしてあげて、その下の人もその下の人にしてあげたら、みんな幸せになると思います」「自分が人に優しくできないと感じたら、人に優しくしてもらったことをもう一度思い出そうと思います」と書いていました。

世界中が、人を思いやることのできる「優しい心」に包まれれば、少なくとも相手を死に追いやるほどのいじめはなくせると思うのです。

自分の気持ちを受け止めてもらったことのない子どもに、他人の気持ちはわかりません。他人の痛みを想像できるのは、優しくしてもらったことのある子どもです。自分の痛みを誰かがわかってくれたうれしさを経験してはじめて、自分にも感情があること、人にも感情があることに気づくのだと思います。

大人たちが優しくなければ、子どもたちの優しさは育ちません。それには、まず親自身が幸せになることではないでしょうか。幸せでない親が、わが子に幸せを実感させるのは難しいことです。そして、自分の子どもだけでなく、その隣りにいる子も幸せになるように少し気を配ってほしいと思います。自分の子どもがどんなに幸せであったとしても、隣の子どもが幸せでなければ、いつかきっととばっちりがきます。それは、国と国との関係が証明しています。

暴力は暴力を呼び、連鎖します。優しさのない社会は、大人も、子どもも、すべての人を不幸にします。安心・安全に暮らせない社会になります。

私たちは、亡くなった子どもたちとともに、「優しさ」の種をまき続けたいと思います。

二〇〇七年六月

武田さち子

資料編

文部科学省発表　児童生徒の自殺（平成17年度）

※公立の小・中・高校のみ対象

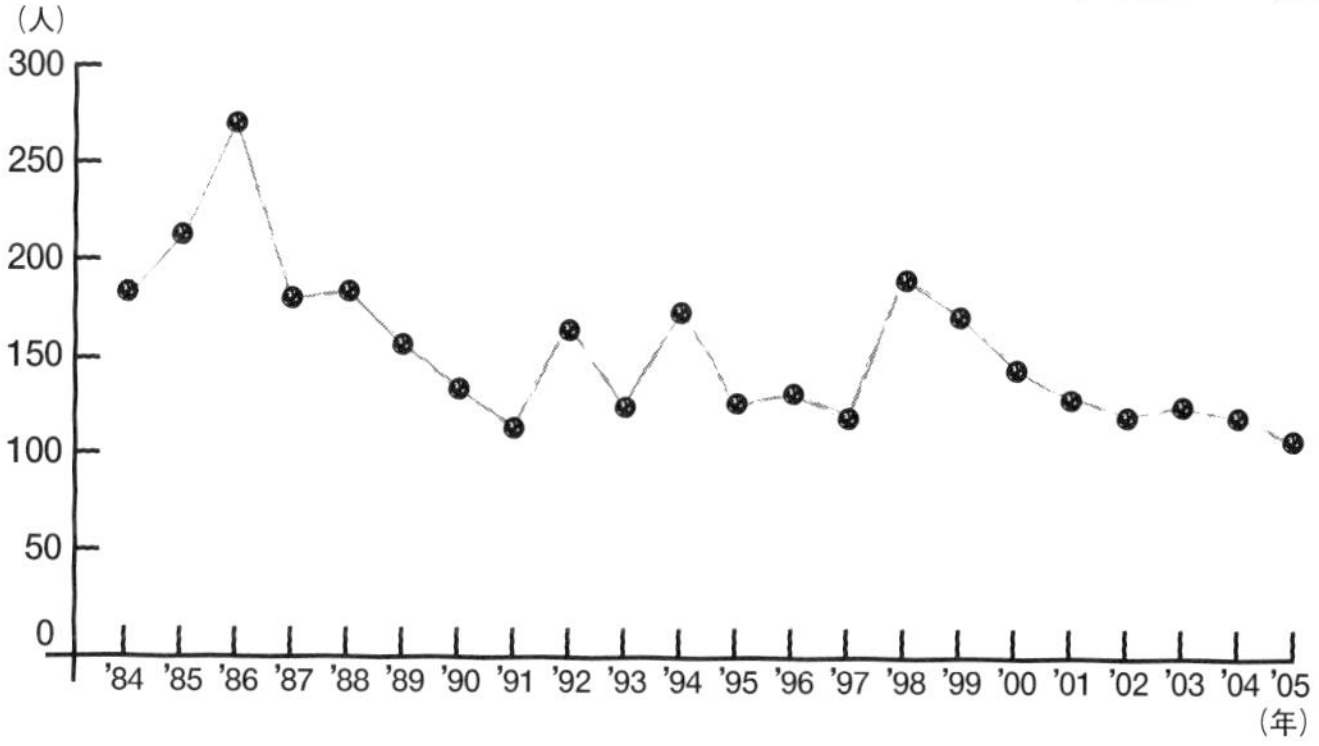

西暦（年）	人数	西暦（年）	人数	西暦（年）	人数	西暦（年）	人数
1984	189	1990	141	1996	139	2002	134
1985	215	1991	121	1997	143	2003	123
1986	268	1992	159	1998	133	2004	126
1987	170	1993	109	1999	192	2005	105
1988	175	1994	131	2000	163		
1989	155	1995	166	2001	147		

文部科学省発表自殺の原因別状況

	小学校	中学校	高校	全体
	3人	26人	76人	105人
家庭事情	0.0%	15.4%	9.2%	10.5%
学校問題	0.0%	7.7%	9.2%	8.6%
病気等による悲観	0.0%	0.0%	2.9%	3.9%
厭世	0.0%	7.7%	5.3%	5.7%
異性問題	0.0%	0.0%	3.9%	2.9%
精神障がい	0.0%	7.7%	11.8%	10.5%
その他	100%	61.5%	56.6%	59.0%

（平成17年度）

文部科学省発表の自殺の原因の第１位は家庭事情で、全体の１割を占めているが、警察庁発表の職業別自殺の学生生徒では、遺書などから推測した結果、家庭問題は２％程度しかない。内容はいじめとは限らないものの、学校問題が健康問題に次ぐ第２位で、学校問題と家庭問題の割合が逆転している。

警察庁発表職業別（学生生徒）自殺者数

合計	861（人）	100（%）
遺書あり	266	30.9
家庭問題	19	2.2
健康問題	76	8.8
経済生活問題	18	2.1
勤務問題	2	0.2
男女問題	20	2.3
学校問題	67	7.8
その他	44	5.1
不詳	20	2.3
遺書なし	595	69.1

（平成17年度）

いじめ発見のきっかけ（平成17年度 文部科学省）

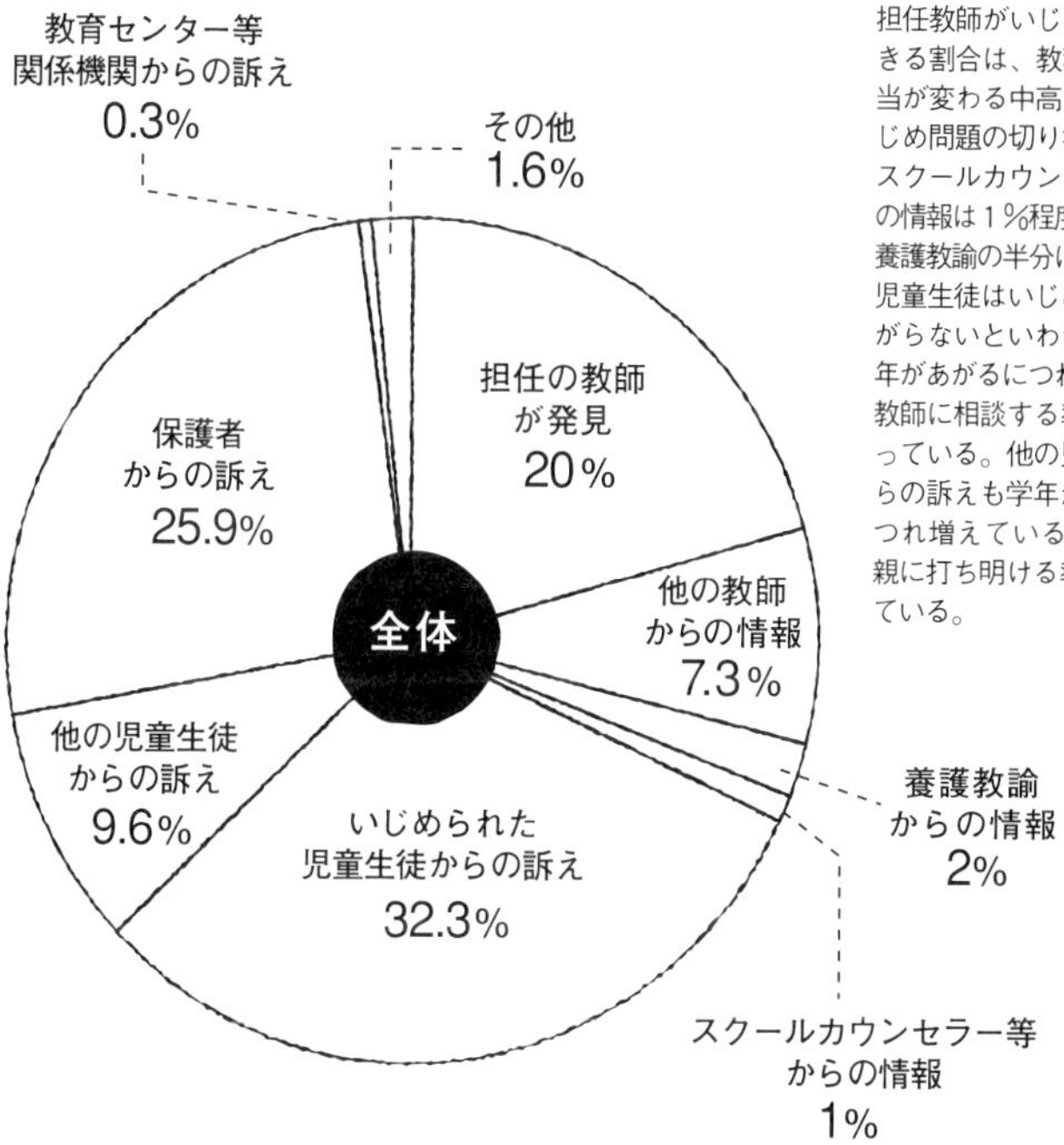

担任教師がいじめを発見できる割合は、教科ごとに担当が変わる中高で減少。いじめ問題の切り札とされるスクールカウンセラーからの情報は1%程度しかなく、養護教諭の半分に満たない。児童生徒はいじめを言いたがらないといわれるが、学年があがるにつれてむしろ、教師に相談する率が高くなっている。他の児童生徒からの訴えも学年があがるにつれ増えている。一方で、親に打ち明ける率が下がっている。

きっかけ	小学校	中学校	高校
担任の教師が発見	24.3%	19.6%	12.2%
他の教師からの情報	3.4%	8.3%	10.6%
養護教諭からの情報	0.9%	2.3%	2.8%
スクールカウンセラー等からの情報	0.3%	1.3%	1.1%
いじめられた児童生徒からの訴え	21.7%	34.7%	42.6%
他の児童生徒からの訴え	8.1%	9.7%	12.0%
保護者からの訴え	39.7%	22.7%	12.9%
教育センター等関係機関からの訴え	0.4%	0.3%	0.4%
その他	1.2%	1.2%	4.6%

教師の対応とその効果

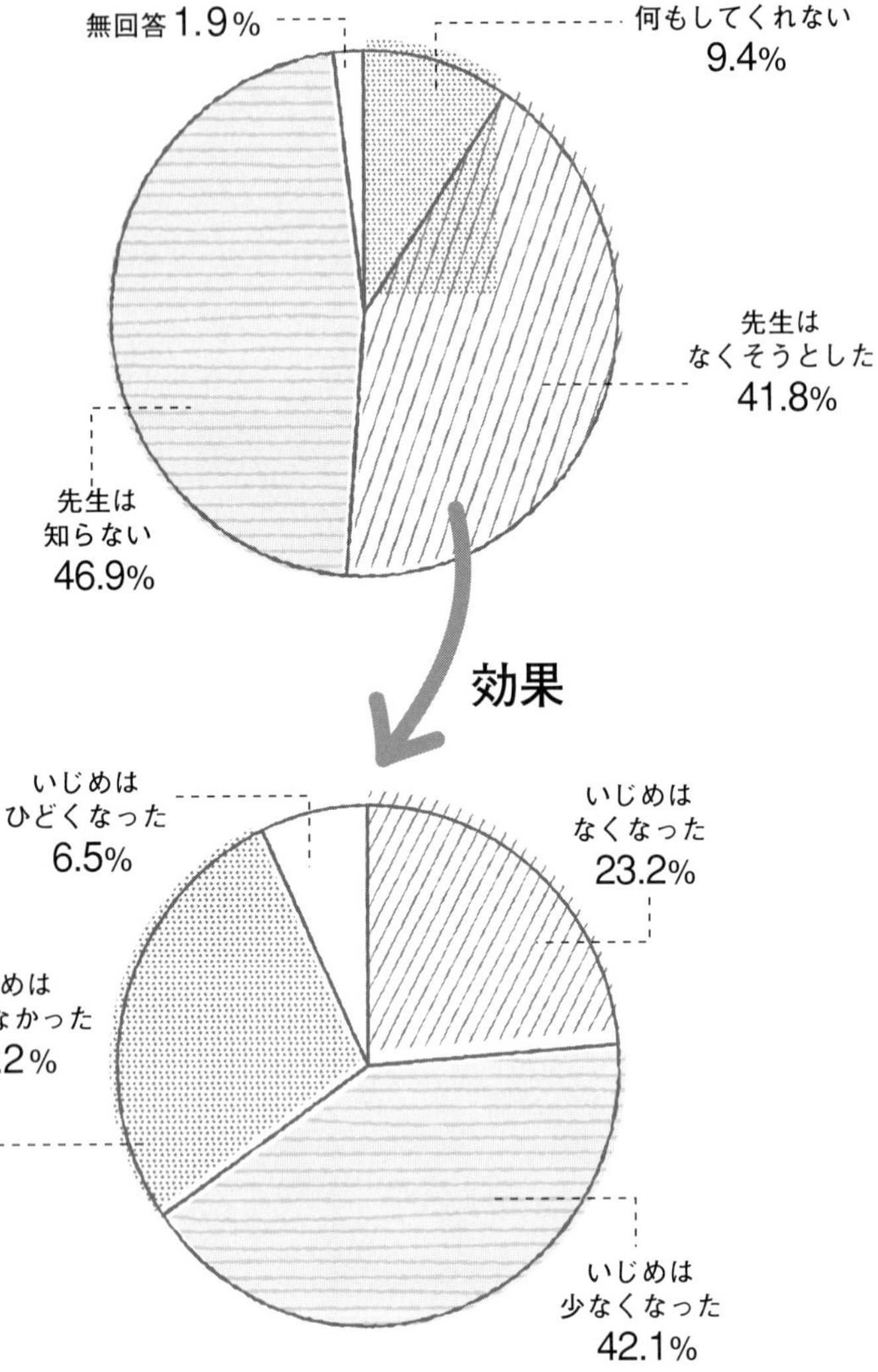

出典『日本のいじめ－予防・対応に生かすデータ集』（金子書房）

子どものいじめを親は知っているか

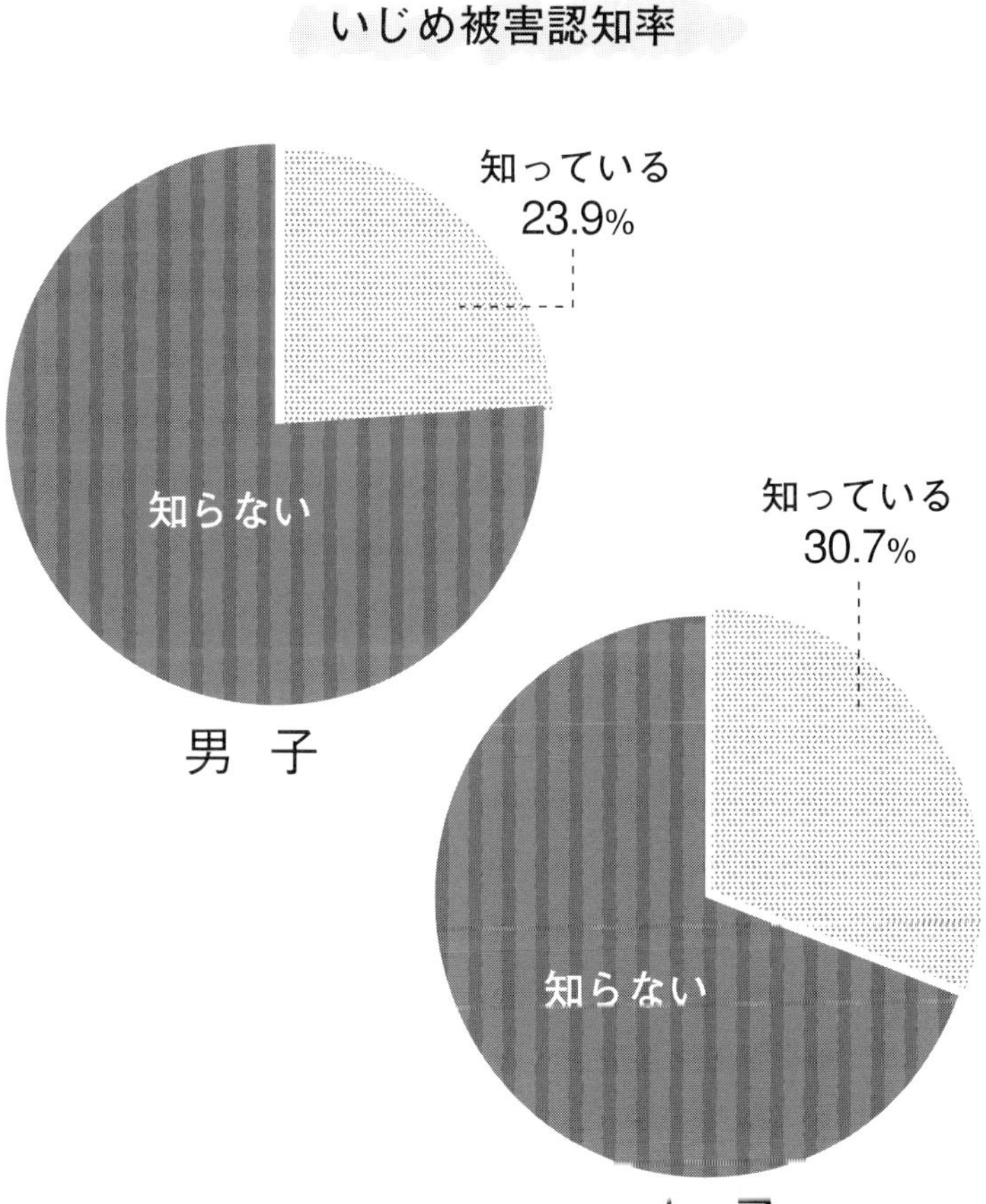

注）小・中学生の男女対象
『日本のいじめ―予防・対応に生かすデータ集』（金子書房）より作成

被害による精神的な影響

いじめ被害を受けて
「このままではいつか
殺されるかもしれない」
などと思ったことは
ありますか？

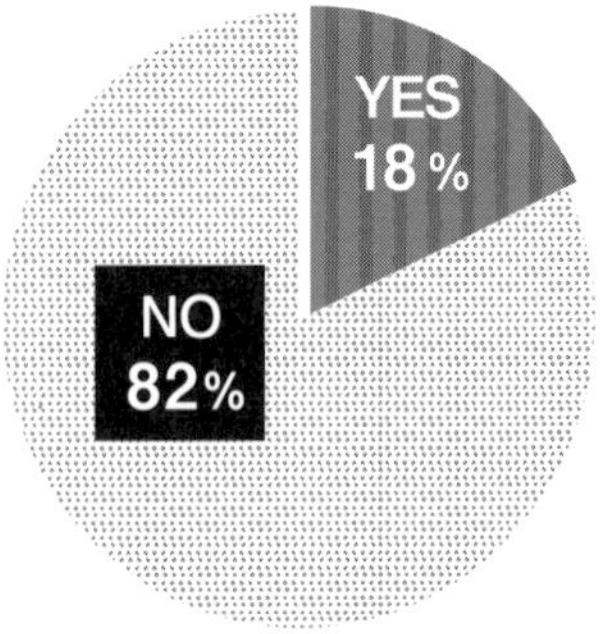

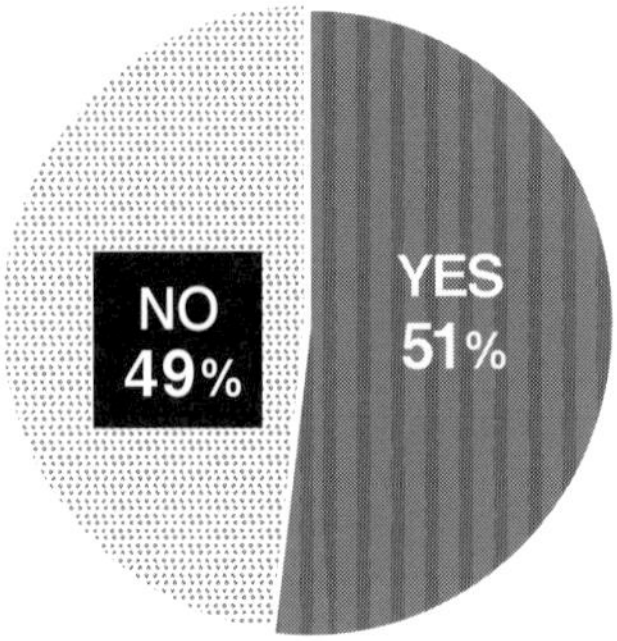

いじめ被害を受けて
自殺したいと
思ったことは
ありますか？

いじめ被害を受けて
逆に「相手を殺したい」
などと思ったことは
ありますか？

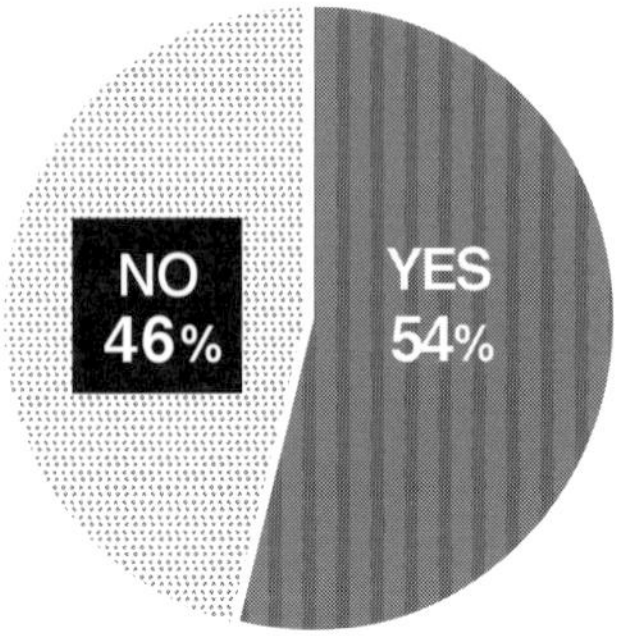

注）深刻な「いじめ被害体験者」のアンケートより
出典『いじめ少年犯罪に、宣戦布告　～史上最強の告発マニュアル～』（プレスプラン編集部）

いじめた子に親は指導しているか

いじめた子への親による指導

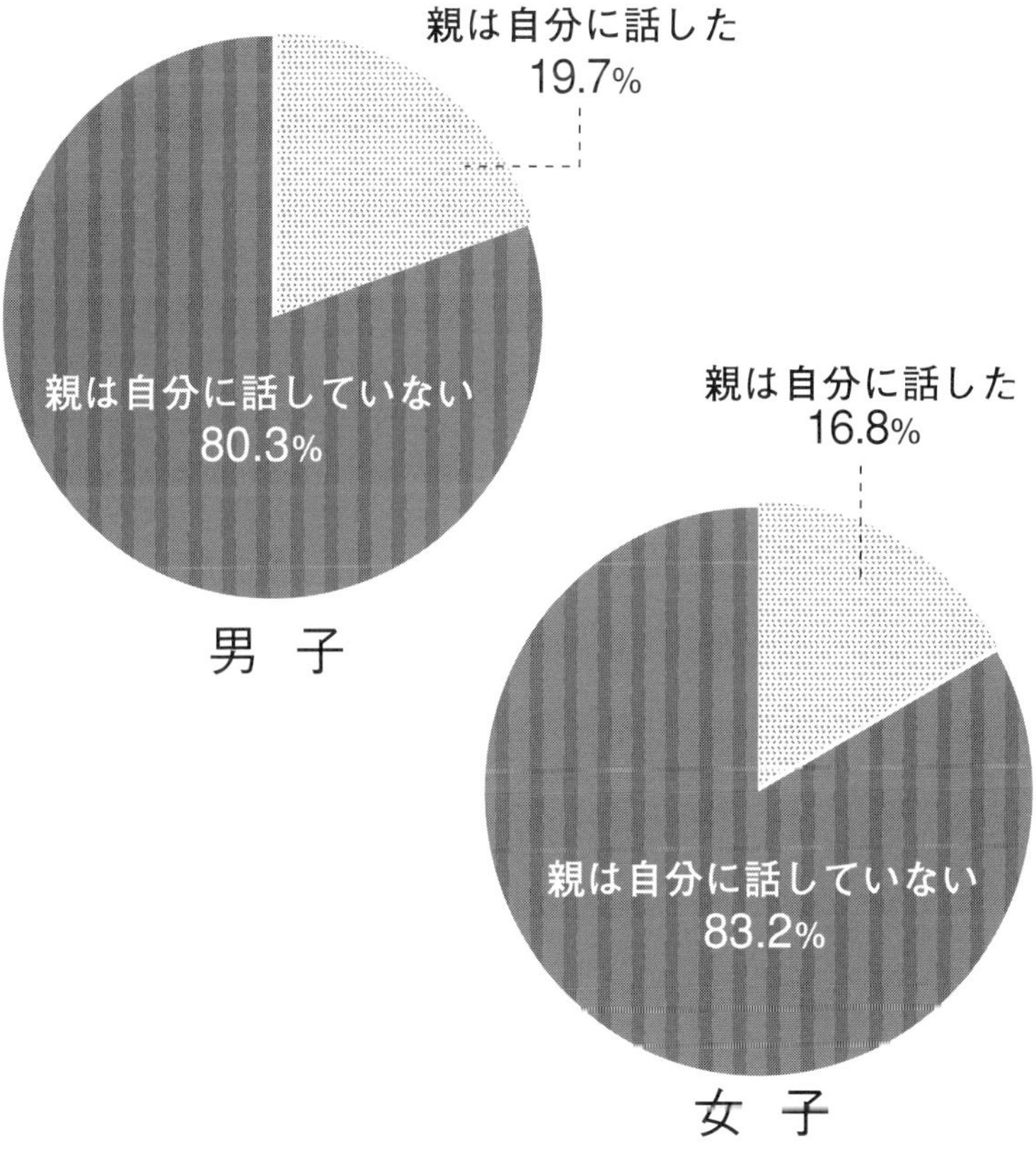

注）いじめの加害経験のある児童生徒対象
出典『日本のいじめ－予防・対応に生かすデータ集』（金子書房）

参考・引用文献

『あなたは子どもの心と命を守れますか！』武田さち子著（WAVE出版）

『優しい心が一番大切だよ～ひとり娘をいじめで亡くして～』小森美登里著（WAVE出版）

オピニオン叢書緊急版『間違いだらけのいじめ指導』小宮山要著（明治図書）

『いじめ少年犯罪に、宣戦布告～史上最強の告発マニュアル～』プレスプラン編集部（プレスプラン）

『重大少年事件の実証的研究』家庭裁判所調査官研修所監修（司法協会）

『日本のいじめ～予防・対応に生かすデータ集～』森田洋司・滝充・秦政春・星野周弘・若井彌一編著（金子書房）

『児童心理』特集「いじめ」と子どもの自殺（金子書房）

『97―98教育データランド』（時事通信社）

『1999―2000教育データランド』（時事通信社）

『子を愛せない母　母を拒否する子』ヘネシー・澄子著（学習研究社）

『子どもの心がうつになるとき』デビッド・ファスラー／リン・デュマ著、品川裕香訳（エクスナレッジ）

『自殺問題Q＆A～自殺予防のために～』秋山総平・斎藤友紀雄 編集（至文堂）

『学校トラウマと子どもの心のケア』藤森和美 編著（誠信書房）

『社会心理学ショート・ショート　～実験でとく心の謎～』岡本浩一著（新曜社）

『「ぼくは『奴隷』じゃない」～中学生5000万円恐喝事件の闇～』中日新聞社会部（風媒社）
『大阪道頓堀川「ホームレス」襲撃事件～〝弱者いじめ〟の連鎖を断つ～』北村年子著（太郎次郎社）
『生きてていいの？』寺脇研・藤野知美 共著（近代文藝社）
『いじめの中で生きるあなたへ～大人から伝えたい「ごめんね」のメッセージ～』小森美登里著（WAVE出版）
『世界のいじめ～各国の現状と取り組み～』森田洋司総監修・監訳（金子書房）

著者プロフィール

武田さち子（たけだ・さちこ）
教育評論家。1958年東京生まれ。一女の母。
1981年８月、東海大学文学部日本文学科卒業。ＯＬを経て、海外のストリートチルドレンや日本の子どもたちの人権に関する草の根活動を行う。著書に、『あなたは子どもの心と命を守れますか！』（小社刊）がある。いじめのない社会をめざして活動するＮＰＯ法人「ジェントルハートプロジェクト」設立理事。ウェブサイト「日本の子どもたち」（http://www.jca.apc.org/praca/takeda/）主宰。

装丁　中野一弘（ブエノ）
編集　野津山美久（ブエノ）
カバー写真　©HIROSHI ANDO／SEBUN PHOTO／amanaimages

わが子をいじめから守る10カ条

2007年６月25日 第１版第１刷発行　定価（本体1,300円＋税）
2012年８月22日　第３刷発行

著　者　武田さち子
発行者　玉越　直人
発行所　ＷＡＶＥ出版
〒102-0074　東京都千代田区九段南4-7-15
TEL 03-3261-3713　FAX 03-3261-3823
振替 00100-7-366376　E-mail: info@wave-publishers.co.jp
http://www.wave-publishers.co.jp

印刷・製本　モリモト印刷株式会社

ISBN978-4-87290-303-4